# 2024 세법학 올인원 모의고사 1부 필기노트

이책의 **차례**

## 세법학 1부

01\_ 국세기본법 **/ 8**

02\_ 법인세법 **/ 50**

03\_ 소득세법 **/ 96**

04\_ 상속세 및 증여세법 **/ 140**

\_\_\_\_ 부록 **/ 184**

# 세법학 1부

01_ 국세기본법
02_ 법인세법
03_ 소득세법
04_ 상속세 및 증여세법

\*.답안작성방식

⟨사례⟩

| 15점±2 | 10점±2 | 5점±2 | ⟨약술⟩ |
|---|---|---|---|
| 1. 쟁점의 정리 | 1. 결론 | 1. 결론 | 1. 의의 < 개념 / \*취지 |
| 2. 관련법리 | 2. 근거 | 2. 근거 | 2. 요건 <\*\* 실/형 |
| 3. 사안의 해결 | (1) 관련법리 | ┌ 관련법리 | 3. 효과 \*\* |
|  | (2) 사안의 해결 | └ 사안의 해결 | (4. 사후관리) 조특법에서 |

\*.답안순서

 1 – (1) – 1) – ① – (i)

 Ex) 당해 사안의 경우 ① ──
   ② ── , ③ ── 처분은 적법하다.

# 01
# 국세기본법

[문제1]

(물음1)

1. 조세회피

　(1) 개념

　(2) 적법여부

　(3) 제재규정

※ 유형 ─ 　　　　　절세　　　조세회피　　　조세포탈 ← "사기기타 부정한방법"
　　├ 효과 ┬ 세법상 : 적법　　　위법　　　　위법
　　│　　　└ 사법상 : 적법　　　적법　　　　위법
　　├ 사례　　　　 : 각종[공제/감면]　부계부　　[이중계약서/허위장부]
　　└ 규제　　　　 : X　　　[소득금액재계산/가산세]　[소득금액재계산/가산세/조세범처벌]

(물음2)

1. 실질과세원칙

　(1) 의의

　　[형식 ≠ 실질
　　 실질에 따라 과세]

　(2) 세부원칙　　국세기본법　법인세법　　사례
　　　1) 귀속　　　　 :　○　　　○　　명의신탁
구체화 → 2) 거래내용　 :　○　　　○　　부모자식간 양도를 가장한 증여
　　　3) 경제적실질 :　○　　　X　　증여 후 양도행위 부인

\* 증여 후 양도행위부인

```
주식
 A ──증여──▶ B ──양도──▶ C
    ↑          ↑
  [증여세]   [양도소득세]  T1
```

```
주식
 A ─────양도─────▶ C
         ↑
     [양도소득세]  T2
```

T1 < T2
⇒ "증여 후 양도"를 부인하고 "양도"로 본다.


2. 조세회피행위와의 관계

- 형식 ≠ 실질  ┐
- 실질에 따라 과세 ┘ → 조세회피행위 방지

→ 조세평등원칙 실현 목적
   (조세정의)

[문제2]
(물음1)
1. 결론
- 특정주식 양도
- 장기보유 특별공제 적용 X
- 합리적 차별이므로
- 평등원칙 反 X

2. 근거
(1) 조세평등주의
- 조세법률관계 / 납세의무자 / 평등하게 처우
- 합리적 차별은 허용된다.

※. Btw A & B : 비교대상을 찾아라
(2) 사안의 경우

혜택 → ① 부동산 양도시 장기보유특별공제 : 부동산 투기 억제
규제 → ② 특정주식 양도시 부동산 세율 적용 : 부동산 투기 억제
③ IF. 특정주식 양도시 장기보유특별공제 적용 : 부동산 투기 억제 목적 反
     규제대상        혜택부여

→ 합리적 차별이므로 평등원칙 反 X

✱. 조세평등주의 문제 목차

1. 결론
   - 반한다 ← 자의적 차별이므로
   - 반하지 않는다 ← 합리적 차별이므로

2. 근거
   (1) 조세평등주의
      1) 의의
      2) 유형
         ① 수직적 공평
         ② 수평적 공평
   (2) 사안의 경우


(물음2)

C →(금전대여)→ A ←(금전대여)← B
C ←이자지급(연3%)← A(개인) →이자지급(연7%)→ B

1. 합리적 차별에 해당한다는 입장
   (1) 자기자산의 대여가 본질
   (2) 사업소득과의 관계

2. 합리적 차별에 해당하지 않는다는 입장
   (1) 필요경비 인정안하면 가공소득 과세
   (2) Btw 이자소득 개인 & 사업소득 < 개인 / 법인

3. 자신의 입장
   (1) 결론
       합리적 차별이므로 평등원칙 反 ✕
   (2) 근거
       ┌ 개개의 이자소득 필요경비 밝히는것은
       │ 징세 기술상 불가능
       └→ 합리적 차별로 평가

(물음3)
1. 결론
- 조세감면은 합리적 차별이므로
- 일정한 전제요건 충족하는 한
- 평등원칙 反 X

2. 근거
(1) 조세평등원칙
(2) 조세감면제도
- 목적 : 정책적 목적 달성하기 위해
- 수단 : 세제상 혜택 부여
(3) 양자의 관계 (결어)
- 조세감면은 조세평등원칙 예외
- 엄격하게 제한적 적용
- 철저한 사후관리를 목적 달성 여부 확인

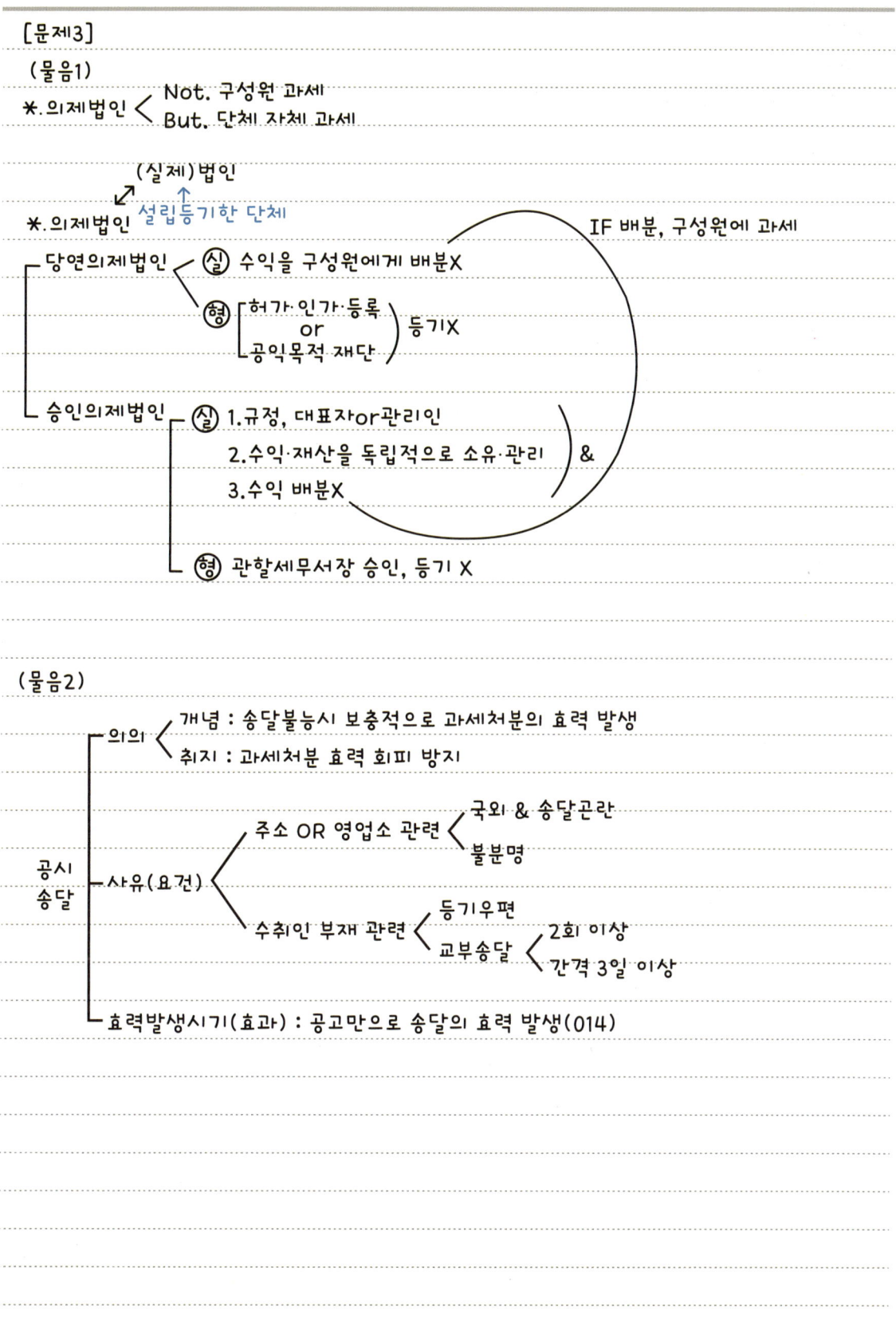

(물음3)

1. 결론

사안의 공시송달은 적법하지않다.

2. 근거

(1) 공시송달의 사유로서의 "수취인부재"
- 송달장소에서 장기간이탈
- 송달장소가 여러곳이라면 각각의 장소 전부 송달 시도

(2) 사안의 경우
- 주소지 외에서도 송달 가능
- 사업장소재지에서 송달을 시도하였어야 한다.

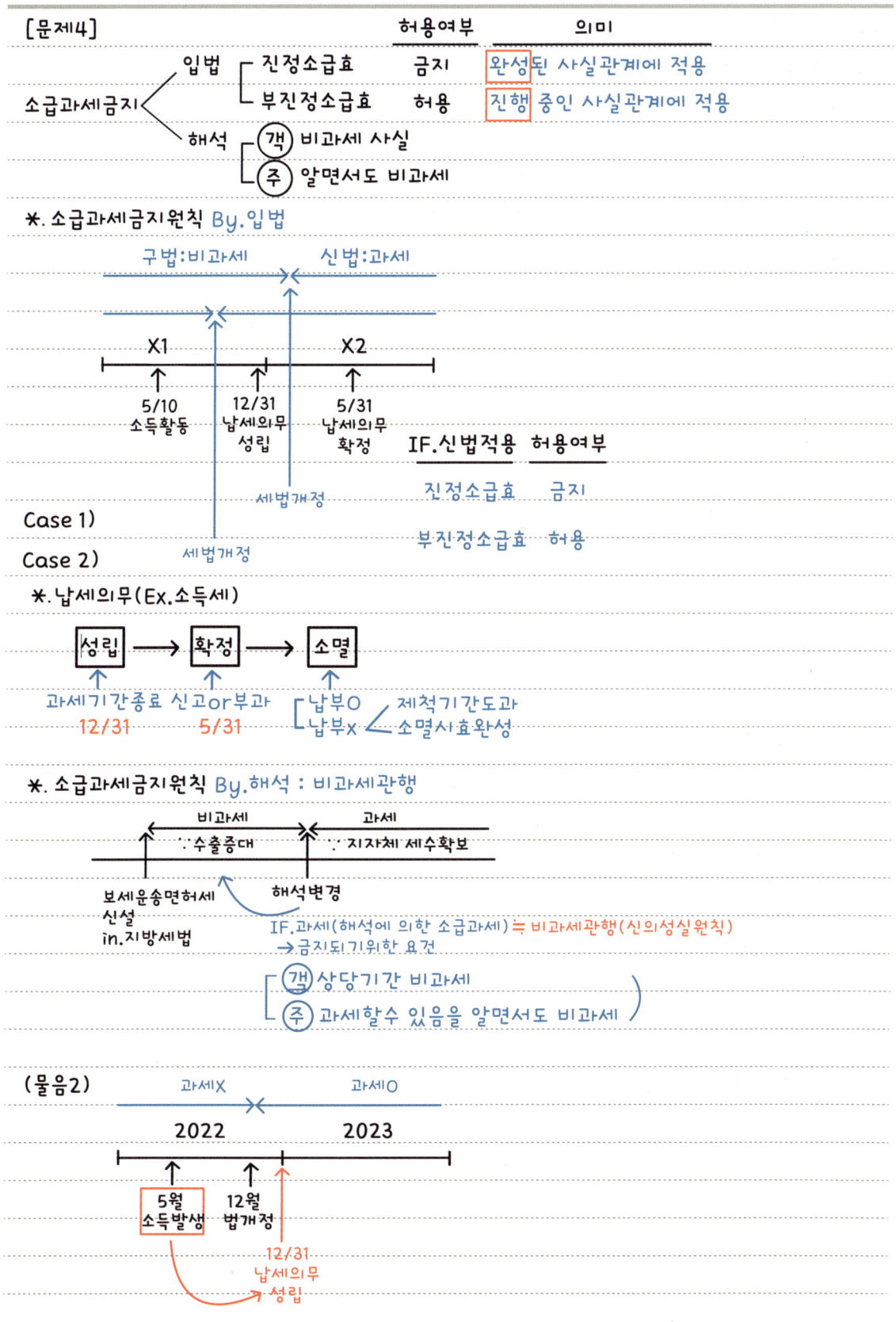

[문제5]
(물음1)

성립 → 확정 → 소멸

성립시기 ≠ 확정시기
　　　　　　　　┌ 납부O ┬ 임의납부
　　　　　　　　│　　　　└ 강제징수
　　　　　　　　└ 납부X ┬ 제척기간 도과
　　　　　　　　　　　　└ 소멸시효 완성

비교) 신고납부국세의 납세의무 확정시기 : 과세표준 신고서 제출

By ┌ 우편 : 우편법에 의한 소인이 찍힌 날 (발신주의) ┐ 발신주의에 따라
　　└ 전자 : 국세청 시스템에 입력한 때 (전송주의) ┘ 납세의무 확정시기
　　　　　　　　　　　　　　　　　　　　　　　　　　앞당긴다.

(물음2)
Ex) 부동산 매매업자

｜―――↑――↑―↑――――↑―――――｜
　　　　　　　X1　　　　　　　X2
　　　　↑　　↑　↑　　　↑
　부동산양도차익 예정신고 12/31 5/31
　　발생　　　　　　납세의무 확정신고
　　　↑　　　　　　　성립
　개별적인　　　　　↑
　과세물건　　　　모든 과세물건

1. 결론
　해당 예정신고는 확정력 X

2. 근거
　(1) 토지등 매매차익 예정신고
　　1) 부동산 매매업자는 토지등 매매차익과 세액을 매매일이
　　　속하는 말일부터 2개월내 신고하여야 한다
　　2) ┌ 확정신고에 대한 정산을 전제
　　　　└ 소득세기간과세원칙에 따라 예정신고 확정력 X

　(2) 사안의 경우
　　사안의 예정신고는 ┌ Not 양도소득 예정신고
　　　　　　　　　　　└ But 종합소득(사업소득) 예정신고

　→ 확정력 X

(물음3)

1. 부가가치세 예정신고의 확정력 여부
   (1) 결론
     : 확정력 ○
   (2) 근거
     ① 부가가치세 예정신고분은 확정신고 대상 제외
     ② 부가가치세 예정신고분 미납시 강제징수 가능

2. 양도소득세 예정신고의 확정력 여부
   (1) 결론
     : 확정력 ○ (잠정적)
   (2) 근거
     ① 종합소득세 예정신고는 확정신고에 따른 정산필요

※. 잠정적 확정력
   - 확정신고 = 예정신고 → 예정신고의 효력 유지(Fix)
   - 확정신고 ≠ 예정신고 → 예정신고는 확정신고에 흡수·소멸

※. 확정력을 부정하는 견해의 논거
   1. 2회 이상 양도시 등 → 확정신고 필요
   2. 양도소득세 제척기간 기산점 → 확정신고기한 다음날(6/1)
        = 납세의무 확정일 다음날

※. 2010두 3428 판례

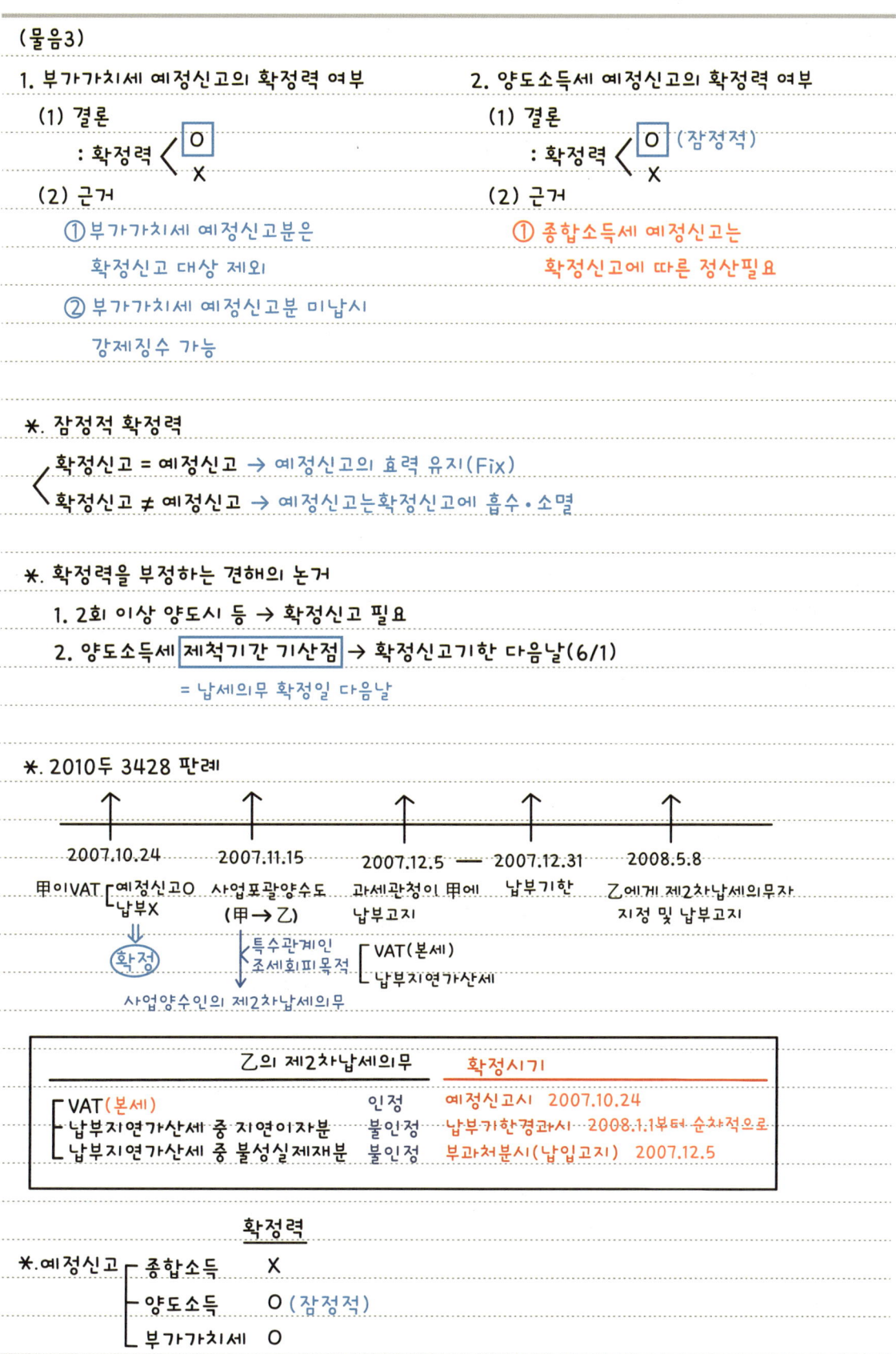

| 乙의 제2차납세의무 | | 확정시기 |
|---|---|---|
| VAT(본세) | 인정 | 예정신고시 2007.10.24 |
| 납부지연가산세 중 지연이자분 | 불인정 | 납부기한경과시 2008.1.1부터 순차적으로 |
| 납부지연가산세 중 불성실제재분 | 불인정 | 부과처분시(납입고지) 2007.12.5 |

          확정력
※. 예정신고 ─ 종합소득     X
           ├ 양도소득     ○ (잠정적)
           └ 부가가치세   ○

[문제6]
(물음1)

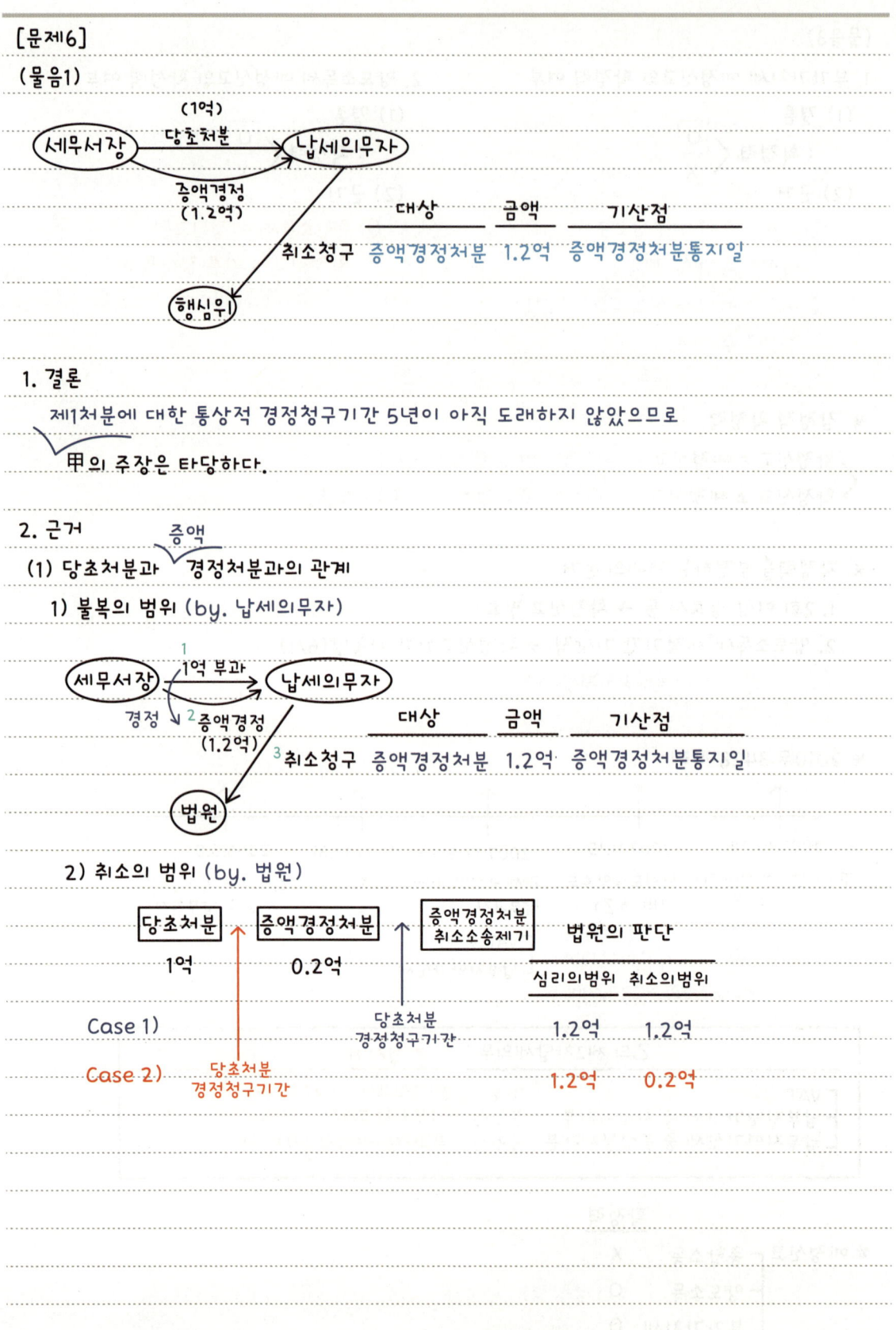

1. 결론
   제1처분에 대한 통상적 경정청구기간 5년이 아직 도래하지 않았으므로 甲의 주장은 타당하다.

2. 근거
   (1) 당초처분과 증액경정처분과의 관계
   1) 불복의 범위 (by. 납세의무자)

   2) 취소의 범위 (by. 법원)

(2) 사안의 경우

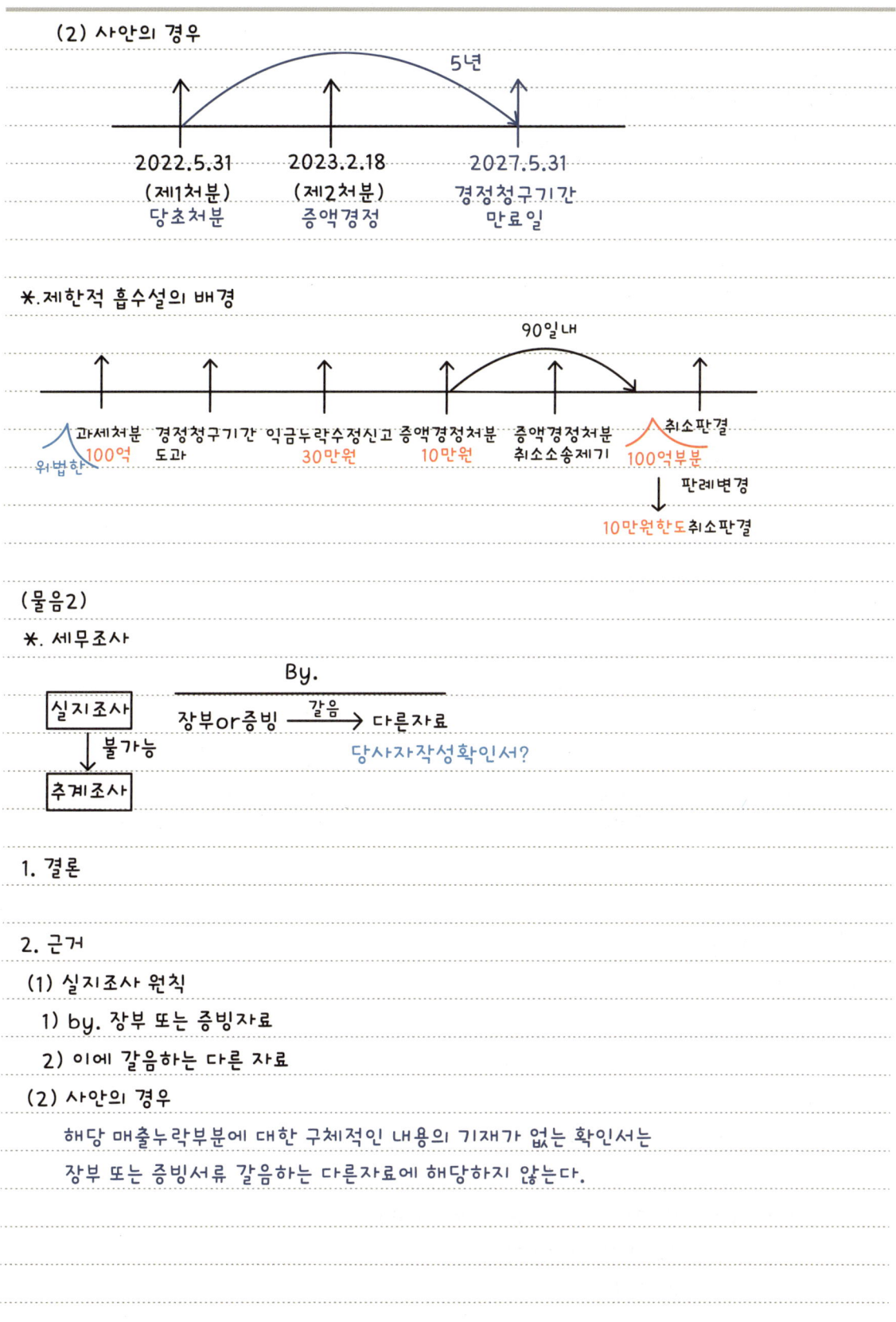

(물음2)

※. 세무조사

1. 결론

2. 근거
 (1) 실지조사 원칙
  1) by. 장부 또는 증빙자료
  2) 이에 갈음하는 다른 자료
 (2) 사안의 경우
   해당 매출누락부분에 대한 구체적인 내용의 기재가 없는 확인서는
   장부 또는 증빙서류 갈음하는 다른자료에 해당하지 않는다.

[문제7]
(물음1)

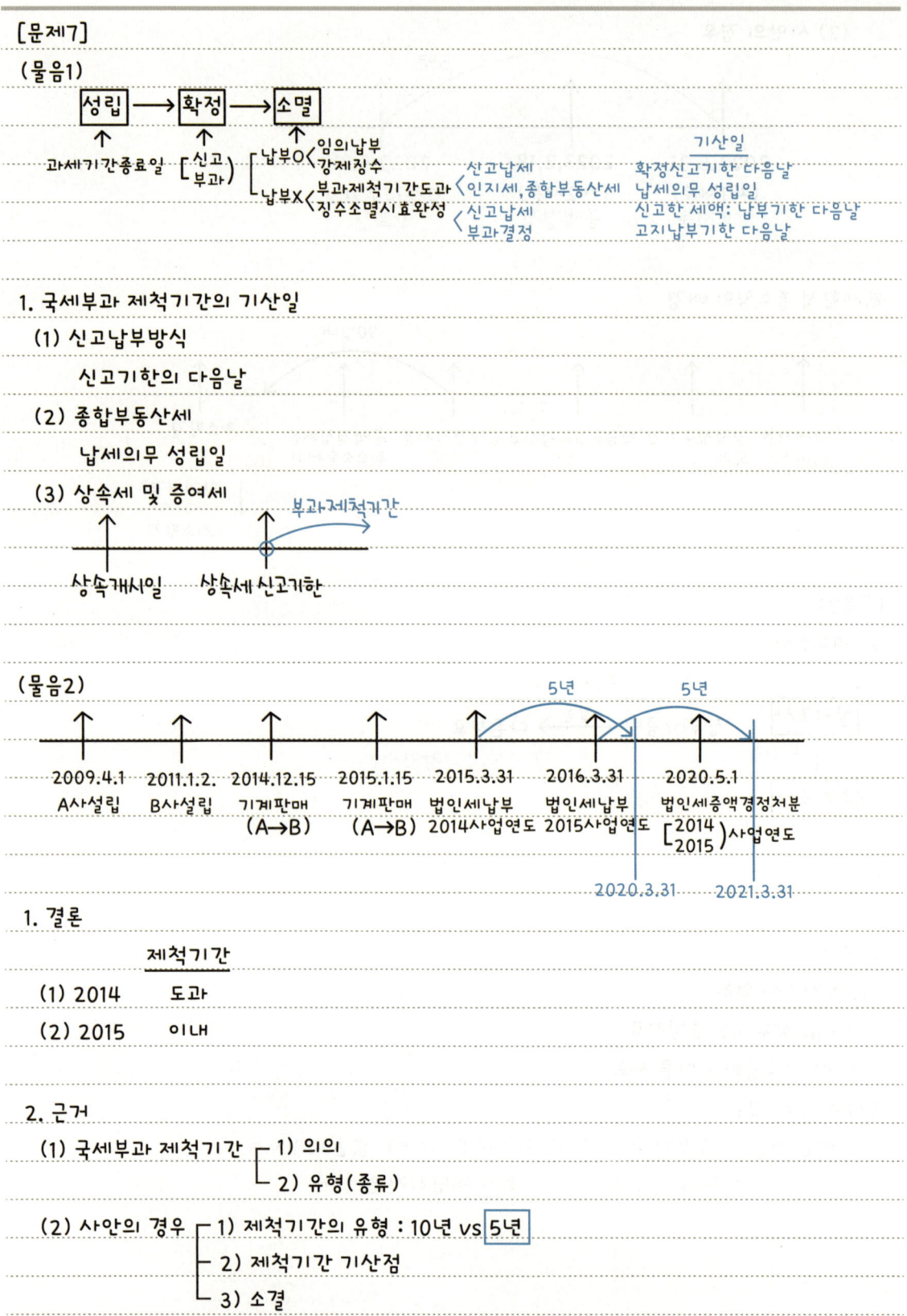

1. 국세부과 제척기간의 기산일
   (1) 신고납부방식
      신고기한의 다음날
   (2) 종합부동산세
      납세의무 성립일
   (3) 상속세 및 증여세

(물음2)

1. 결론
   
   |  | 제척기간 |
   |---|---|
   | (1) 2014 | 도과 |
   | (2) 2015 | 이내 |

2. 근거
   (1) 국세부과 제척기간 ─ 1) 의의
                        └ 2) 유형(종류)
   (2) 사안의 경우 ─ 1) 제척기간의 유형 : 10년 vs 5년
                  ├ 2) 제척기간 기산점
                  └ 3) 소결

※. 국세부과 제척기간 종류
- 15년 : 사기기타 부정한 행위 in.역외
- 10년 : 사기기타 부정한 행위 in 국내
- 7년 : 무신고 (역외는 10년)
- 5년 : 일반 (역외는 7년)

※. 역외거래 (국외거래)
- 거주자/내국법인 - 비거주자/외국법인 : 국제거래
- 거주자/내국법인 - 거주자/내국법인 : 추가

[문제8]

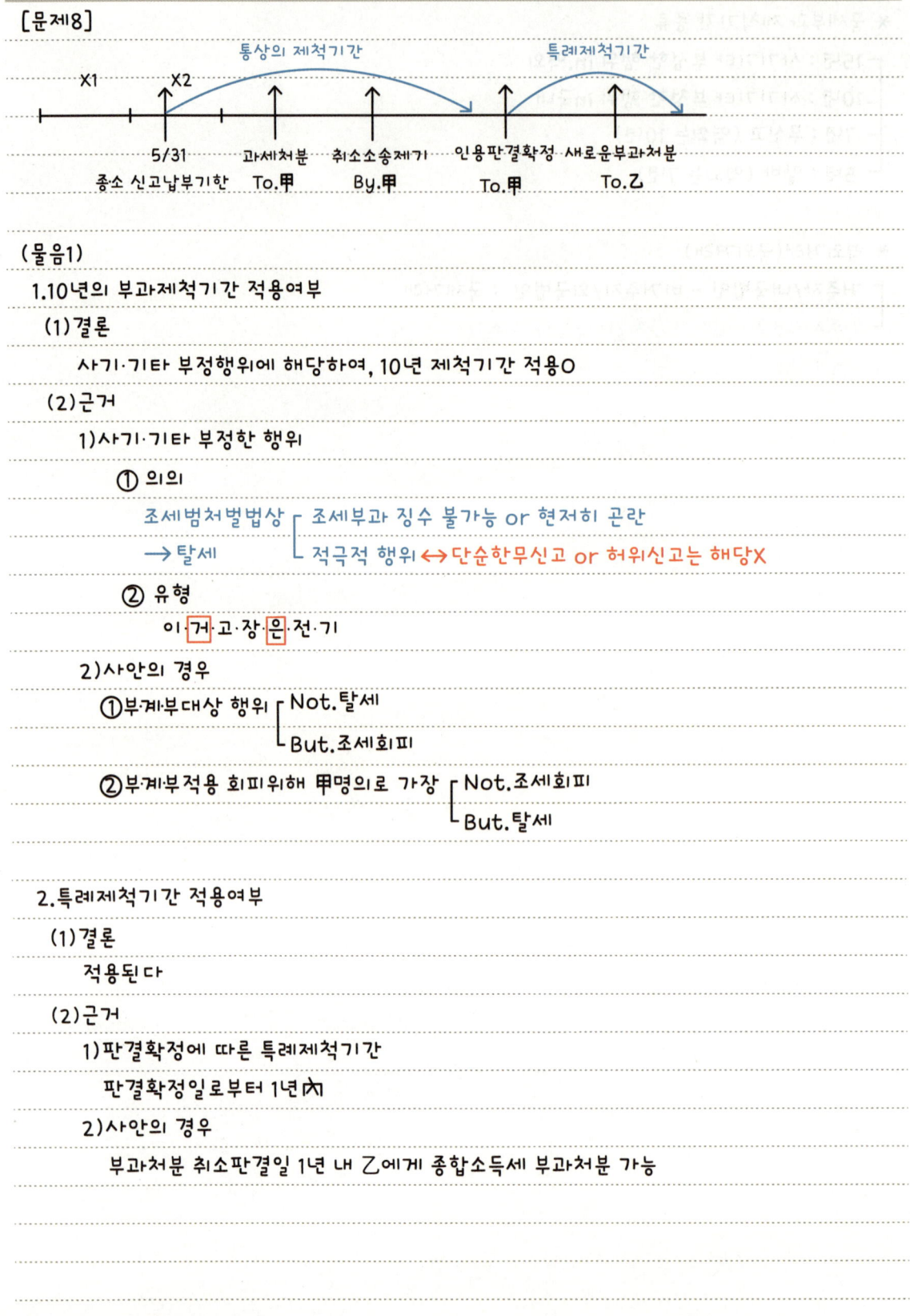

(물음1)

1. 10년의 부과제척기간 적용여부

   (1) 결론

   사기·기타 부정행위에 해당하여, 10년 제척기간 적용O

   (2) 근거

   1) 사기·기타 부정한 행위

   ① 의의

   조세범처벌법상 ┌ 조세부과 징수 불가능 or 현저히 곤란
   → 탈세      └ 적극적 행위 ↔ 단순한무신고 or 허위신고는 해당X

   ② 유형

   이·거·고·장·은·전·기

   2) 사안의 경우

   ① 부·계·부대상 행위 ┌ Not. 탈세
                   └ But. 조세회피

   ② 부·계·부적용 회피위해 甲명의로 가장 ┌ Not. 조세회피
                                    └ But. 탈세

2. 특례제척기간 적용여부

   (1) 결론

   적용된다

   (2) 근거

   1) 판결확정에 따른 특례제척기간

   판결확정일로부터 1년 內

   2) 사안의 경우

   부과처분 취소판결일 1년 내 乙에게 종합소득세 부과처분 가능

(물음2)

1. 결론

처분성이 부정되어, 항고소송대상 X

2. 근거

(1) 국세환급 거부결정의 처분성

1) 처분성
- 행정청
- 우월한 공권력 행사
- 국민의 권리·의무 직접 영향

2) 국세환급 거부

국세환급거부결정은 ┌ Not. 거부 처분
　　　　　　　　　 └ But. 부당이득 반환 관계

(2) 사안의 경우

이에 대한 불복은 ┌ Not. 거부처분 취소소송
　　　　　　　　 └ But. 민사상 부당이득 반환 청구소송

(물음3)

1. 물납재산의 환급

| 사유 | | 대상 | 국세환급가산금 |
|---|---|---|---|
| 원칙 | | 물납재산자체 | X |
| 물건 | 매각 or 반환곤란 | 금전 | O |

2. 복수의 물납시, 환급순서

(1) 신청에 따라

(2) 신청없으면, 허가순서의 역순

3. 과실의 부담

　　　　　　　　　납세의무자에 청구

(1) 비용 ┌ 수익적 지출 —— 不可
　　　　 └ 자본적 지출 —— 可

(2) 과실 ┌ 천연과실
　　　　 └ 법정과실   } 국가에 귀속

[문제9]

*. 상속포기 → 피상속인의 채무 ┌ 원칙: 변제 X
　　　　　　　　　　　　　　　└ 보험금수령시: 피상속인의 국세등 납세의무 O


*. ┌ 상속세 → 상속인 고유의 납세의무
　 └ 피상속인의 국세 → 상속인이 승계한 납세의무


*. 납세의무의 확장 (By. 국세기본법)
　　　　본래의 납세의무자 뿐만아니라

1. 납세의무의 승계 ┌ 합병
　　　　　　　　　└ 상속


2. 연대납세의무 ┌ 공동사업, 공유물
　순서 X 　　　├ 분할
　　　　　　　└ 신회사설립 (채무자 회생 및 파산에 관한 법률)


3. 제2차납세의무 ┌ 청산인
　순서 O 　　　　├ 출자자 ─ 무한책임사원
　　　　　　　　│　　　　　 과점주주
　　　　　　　　├ 법인
　　　　　　　　└ 사업양수인 ┌ 특수관계인
　　　　　　　　　　　　　　　│　　 or
　　　　　　　　　　　　　　　└ 조세회피목적


(물음1)
*. 상속으로 인한 납세의무 승계

1. 의의
　(1) 개념
　(2) 취지

2. 요건
　(1) 대상자: 상속인, 수유자, 상속재산관리인
　(2) 대상국세: 국세 및 강제징수비
　(3) 상속포기 ┌ 원칙: 승계 X
　　　　　　　 └ 보험금수령시: 승계 O (보험금 內)

3. 효과 : 피상속인의 납세의무 승계
             (1) 범위 : 상속으로 받은 재산 한도
                        ┌ 추정상속재산 ┐
                        └ 사전증여재산 ┘ 포함 X

             (2) 상속인이 여럿 : 상속비율에 따라


    * 피상속인의 납세의무 승계가 문제되는 경우
           ┌ 상속포기시 보험금 수령
           └ 상속인이 2인 이상인 경우


    * 보험금은 보험금 수익자의 고유재산
        -> 상속포기와 무관


(물음2)
1. 결론
       당해 부과처분은 1억원 초과 범위내에서 위법하다.
2. 근거
      (1) 상속으로 받은 재산 범위

|              | 피상속인의 납세의무 승계 | 상속세 납세의무 |
|--------------|:--:|:--:|
| 1) 보험금       | O | O |
| 2) 추정상속재산    | X | O |
| 3) 사전증여재산    | X | O |


   *. 상속포기자의 납세의무 승계

            ¹ 보험가입후
              보험료납부
   망 Ⓐ ───────────────→ 보험회사
         ↘  case1)
  case2) │ ³
  1억상속  │ 상속포기    ² 보험금지급
         ↓                (1억)
         Ⓐ₁ ◄───────────────

   *. Case1)의 실질은 Case2)와 다를바 없다.
        → Case1)의 경우 ┌ 상속세도 내야하고
                       └ 피상속인의 납세의무도 승계

    (2) 사안의 경우
         1억 범위내에서 피상속인의 납세의무 승계

[문제10]

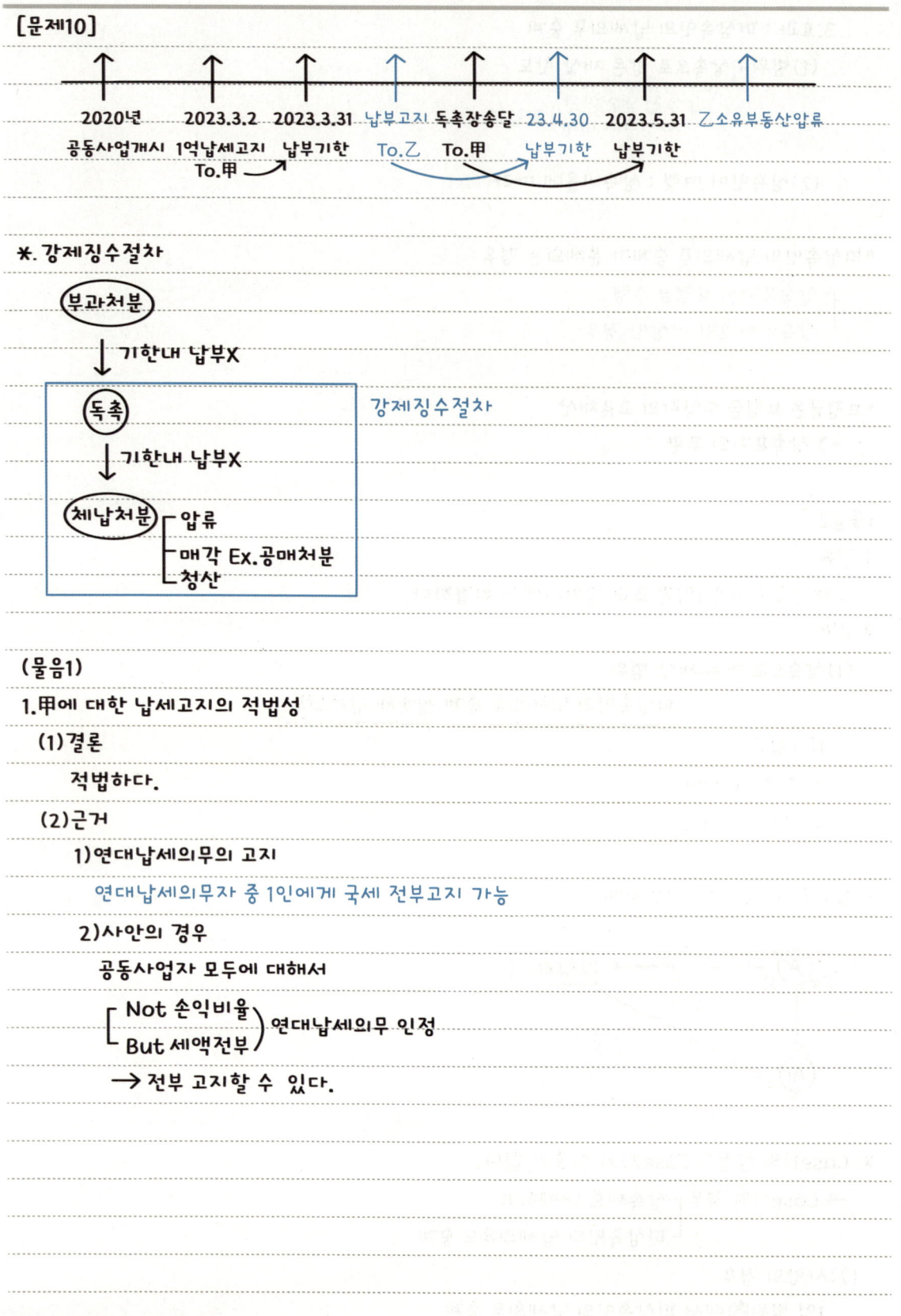

※. 강제징수절차

부과처분
↓ 기한내 납부X
독촉    ← 강제징수절차
↓ 기한내 납부X
체납처분 ─ 압류
         ├ 매각 Ex.공매처분
         └ 청산

(물음1)
1. 甲에 대한 납세고지의 적법성
 (1) 결론
   적법하다.
 (2) 근거
  1) 연대납세의무의 고지
    연대납세의무자 중 1인에게 국세 전부고지 가능
  2) 사안의 경우
    공동사업자 모두에 대해서
    ┌ Not 손익비율  ┐
    └ But 세액전부 ┘ 연대납세의무 인정
    → 전부 고지할 수 있다.

## 2. 乙에 대한 압류의 적법성

### (1) 결론
위법하다.

### (2) 근거
1) 연대납세의무에 대한 서류송달
   - ① 원칙 : 그 중 1인에 송달가능
   - ② 납세고지, 독촉 : 각각에 모두 송달

2) 사안의 경우
   甲에 대한 독촉을 근거로
   乙에 대해 이루어진 압류는 위법

---

**※ 소멸시효**

|  | 취지 | 효과 |
|---|---|---|
| 자체 | 권리위에 잠자는 자는 보호X | 국세징수권 소멸 |
| 중단 | 잠에서 깨어나 권리 행사<br>(강제징수절차 착수) | 처음부터 새로 진행 |

**※ 과세채권 소멸시효**
- 원칙 : 5년
- 5억 이상 : 10년

---

## (물음2)

### 1. 결론
甲에 대한 독촉으로 乙에 대한 소멸시효는 중단X

### 2. 근거

**(1) 연대납세의무자 중 1인에 발생한 사유의 효력**

|  | 의미 | 사례 |
|---|---|---|
| 1) 절대적 효력 | 연대납세의무자 모두에게 | 납부, 충당 |
| 2) 상대적 효력 | 사유가 발생한 자에게만 | 그 외의 사유 |

**(2) 사안의 경우**
- 독촉에 따른 소멸시효 중단은 상대적효력만 발생
- 甲에 대한 독촉은
  - 甲에 대한 소멸시효는 중단O
  - 乙에 대한 소멸시효는 중단X

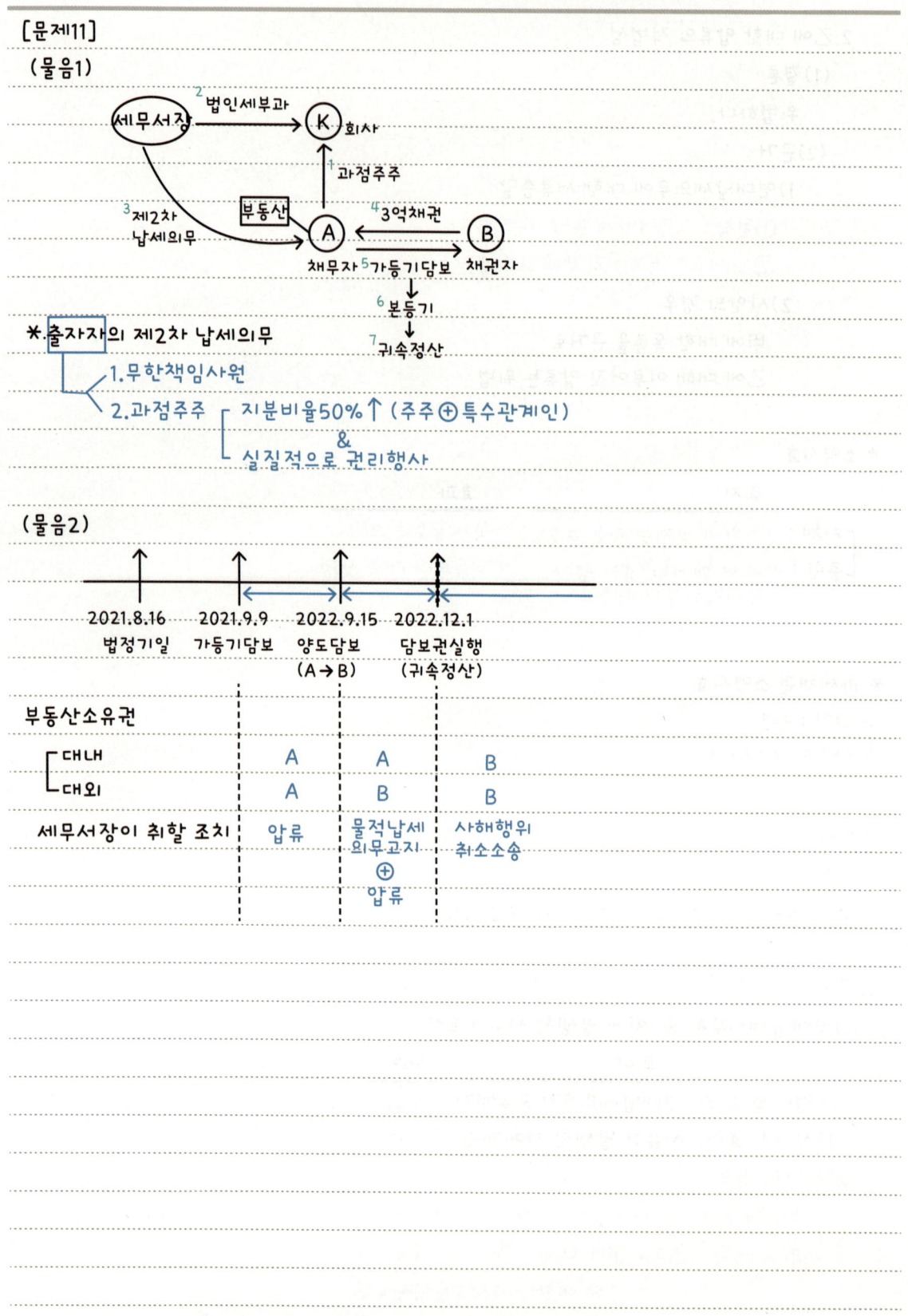

Case 1)

```
      ↑           ↑              ↑              ↑
   법정기일    양도담보설정일   물적납세의무고지    매각정산
              (A → B)          To.B          (B → C)
                                          : 물적납세의무 소멸
```

Case 2)

```
      ↑           ↑              ↑              ↑
   법정기일    양도담보설정일   물적납세의무고지    귀속정산
              (A → B)          To.B          (To.B)
                                          : 물적납세의무 존속
```

\* 국세의 우선변제권 주장 가부 (국세법정기일 > 담보권설정일)

압류 전

| 청산유형 \ 시기 | 물적납세의무 통지 전 | 물적납세의무 통지 후 |
|---|---|---|
| 환가청산 | 不可 | 不可 |
| 귀속청산 | 不可 | 可 |

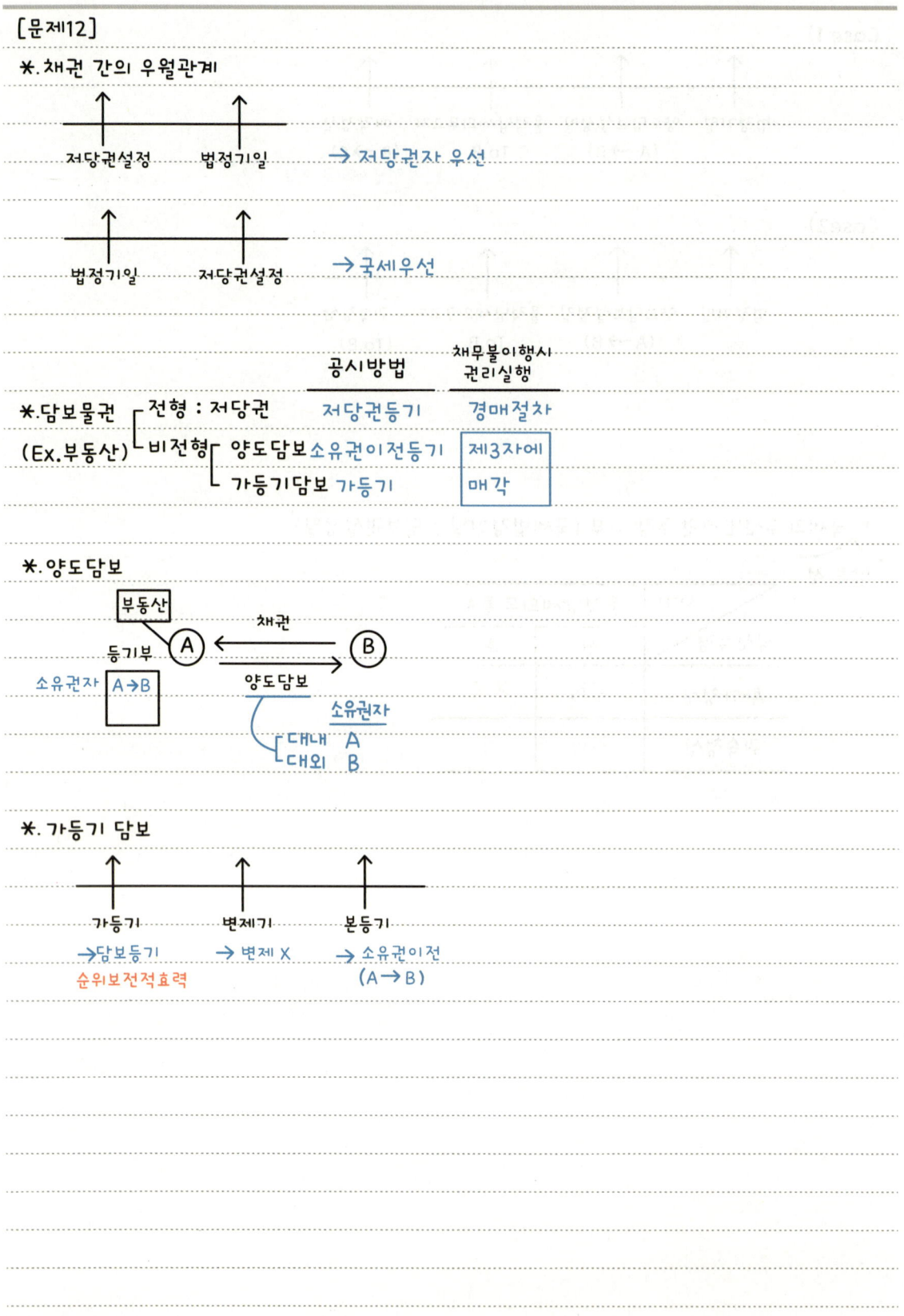

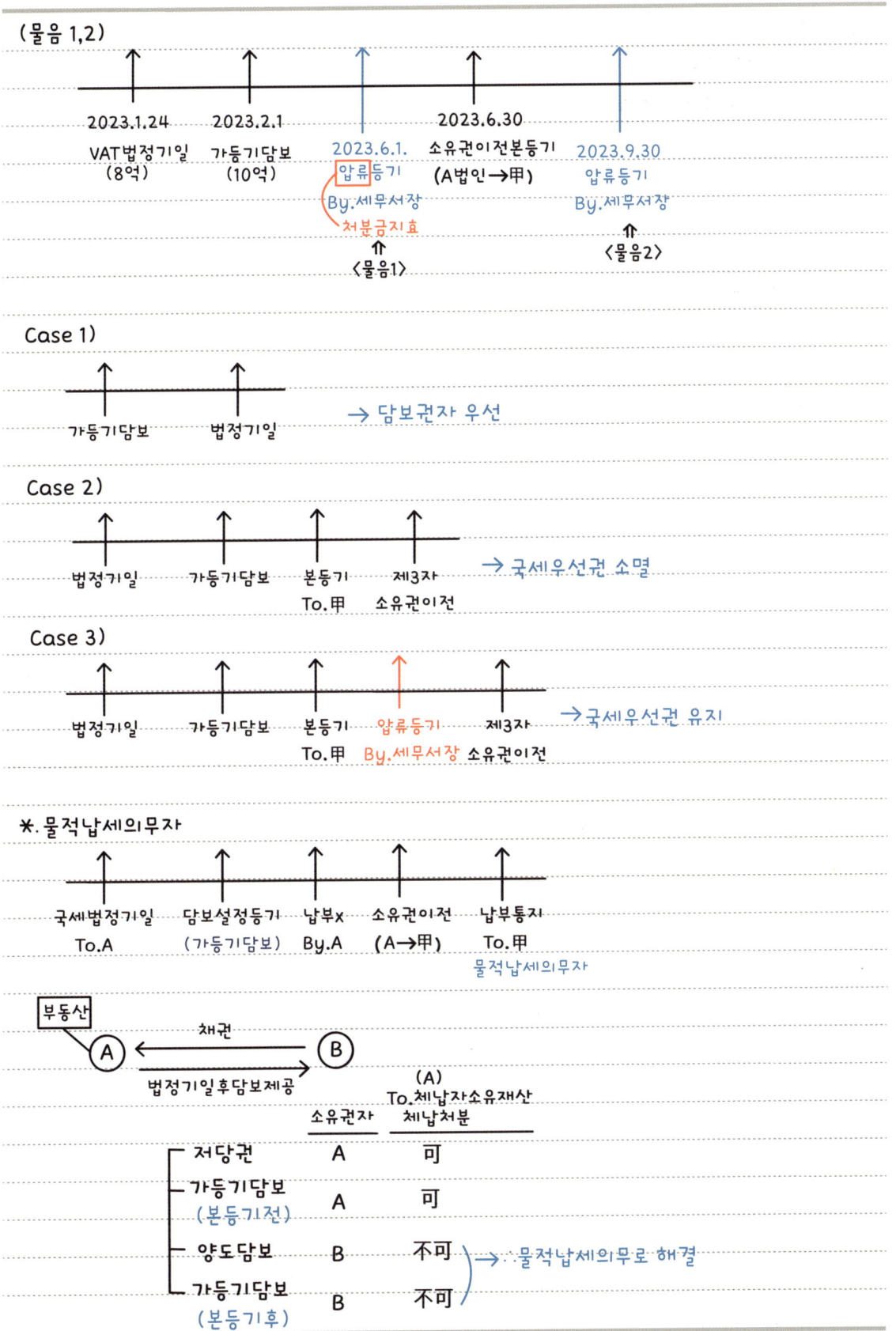

(물음3)
✱. 물적납세의무 적용요건
  (1) 법정기일 후 양도담보 설정
  (2) 양도담보설정자의 국세체납
  (3) 납부통지 당시 양도담보권자 소유
      납부통지 당시 존재(납부통지 이전에 제3자에 매각하면, 물적납세의무 소멸)
  (4) 다른 재산으로 징수하기에 부족
      보충적 납세의무

[문제13]

✱.매각대금 배분순서

- 1순위
  - 공익비용
  - 3개월치 임금 및 소액임차보증금
  - 당해세

- 2순위 국세법정기일 vs. 담보권설정일

  - 국세
  - 담보권
  - 임금채권
  - 채권

  - 담보권
  - 임금채권
  - 국세
  - 채권

(물음1)

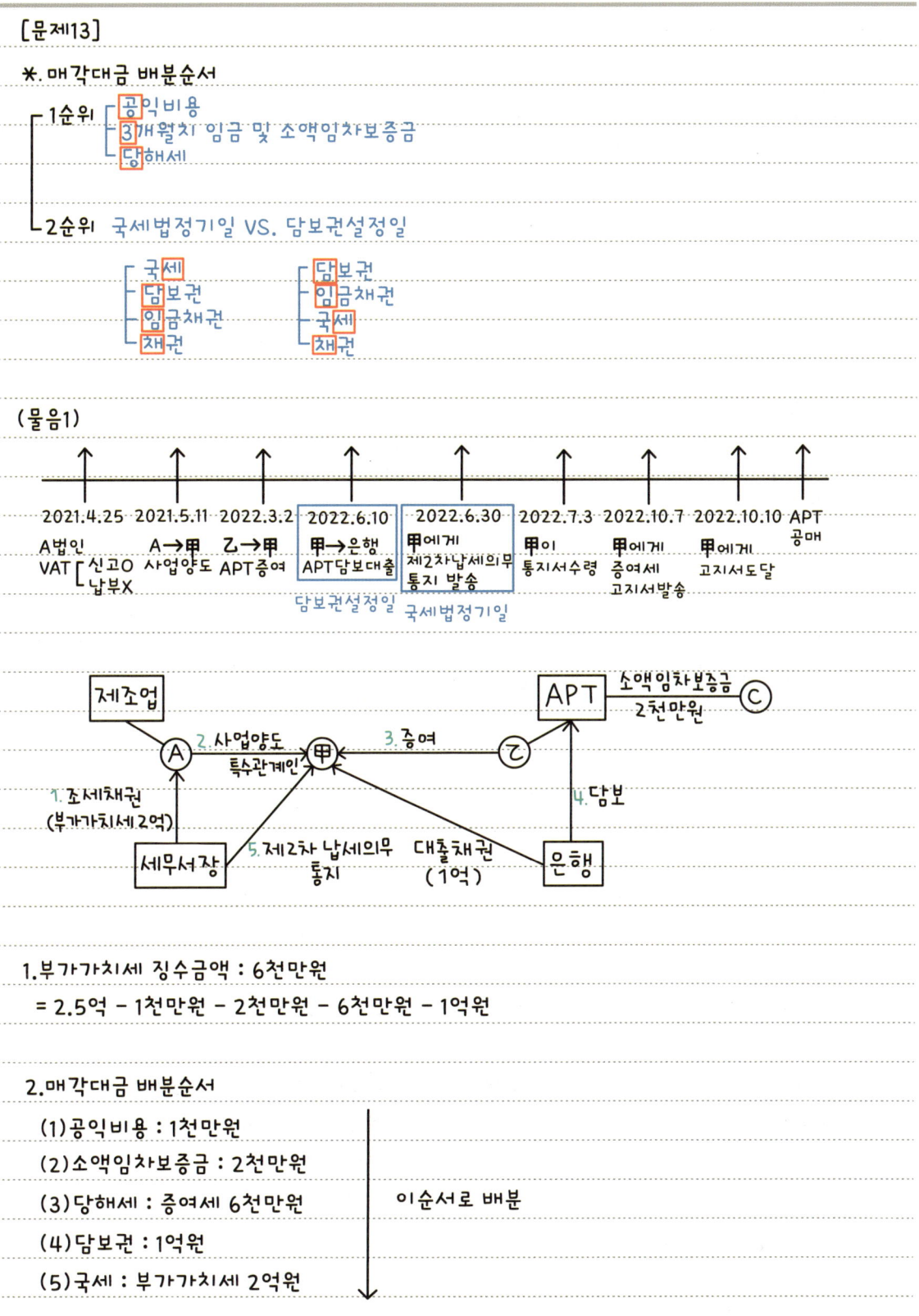

1.부가가치세 징수금액 : 6천만원

  = 2.5억 − 1천만원 − 2천만원 − 6천만원 − 1억원

2.매각대금 배분순서

  (1) 공익비용 : 1천만원
  (2) 소액임차보증금 : 2천만원
  (3) 당해세 : 증여세 6천만원
  (4) 담보권 : 1억원
  (5) 국세 : 부가가치세 2억원

  이순서로 배분

(물음2-1)

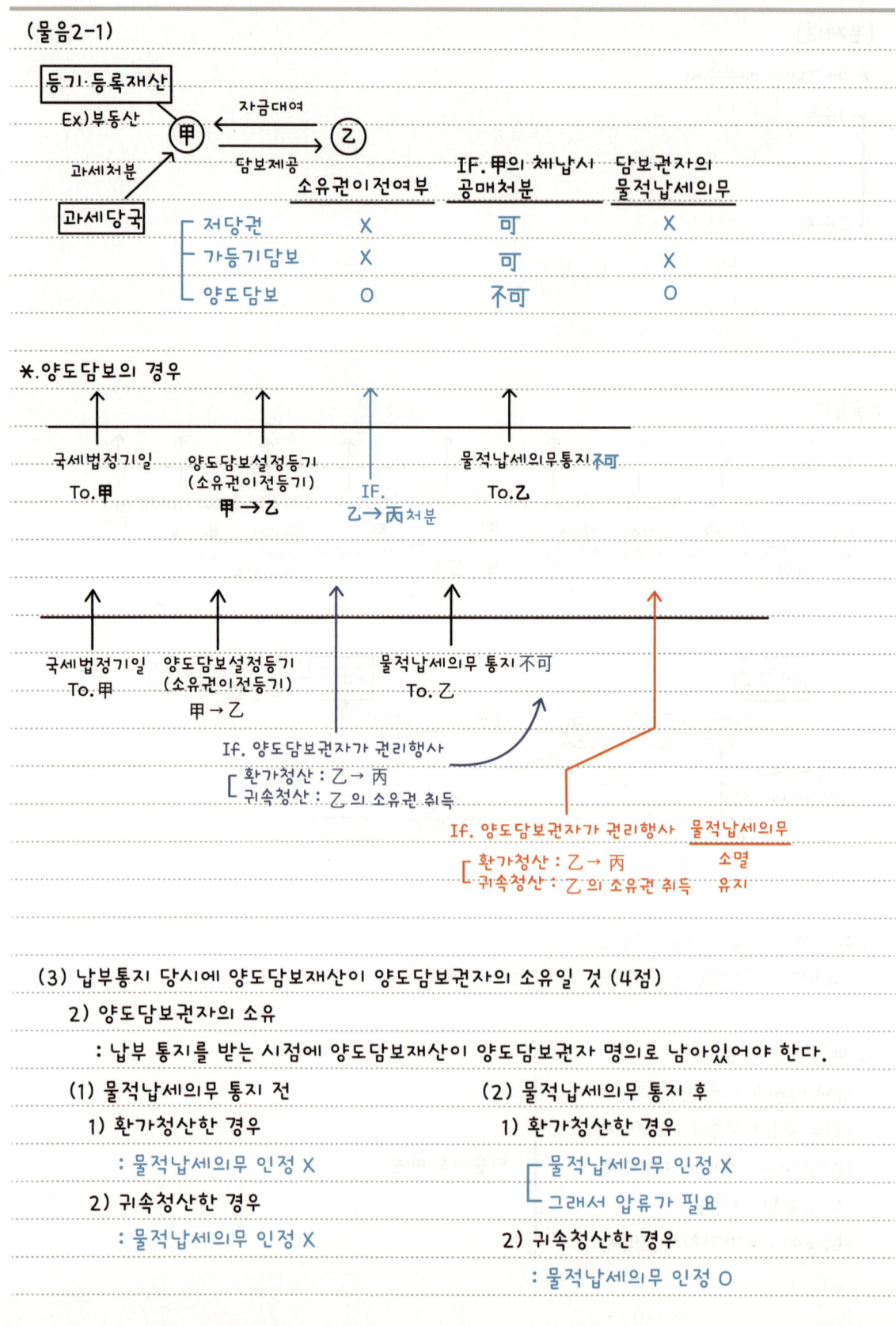

(3) 납부통지 당시에 양도담보재산이 양도담보권자의 소유일 것 (4점)

2) 양도담보권자의 소유

: 납부 통지를 받는 시점에 양도담보재산이 양도담보권자 명의로 남아있어야 한다.

(1) 물적납세의무 통지 전

1) 환가청산한 경우

: 물적납세의무 인정 X

2) 귀속청산한 경우

: 물적납세의무 인정 X

(2) 물적납세의무 통지 후

1) 환가청산한 경우

: 물적납세의무 인정 X
  그래서 압류가 필요

2) 귀속청산한 경우

: 물적납세의무 인정 O

(물음2-2)

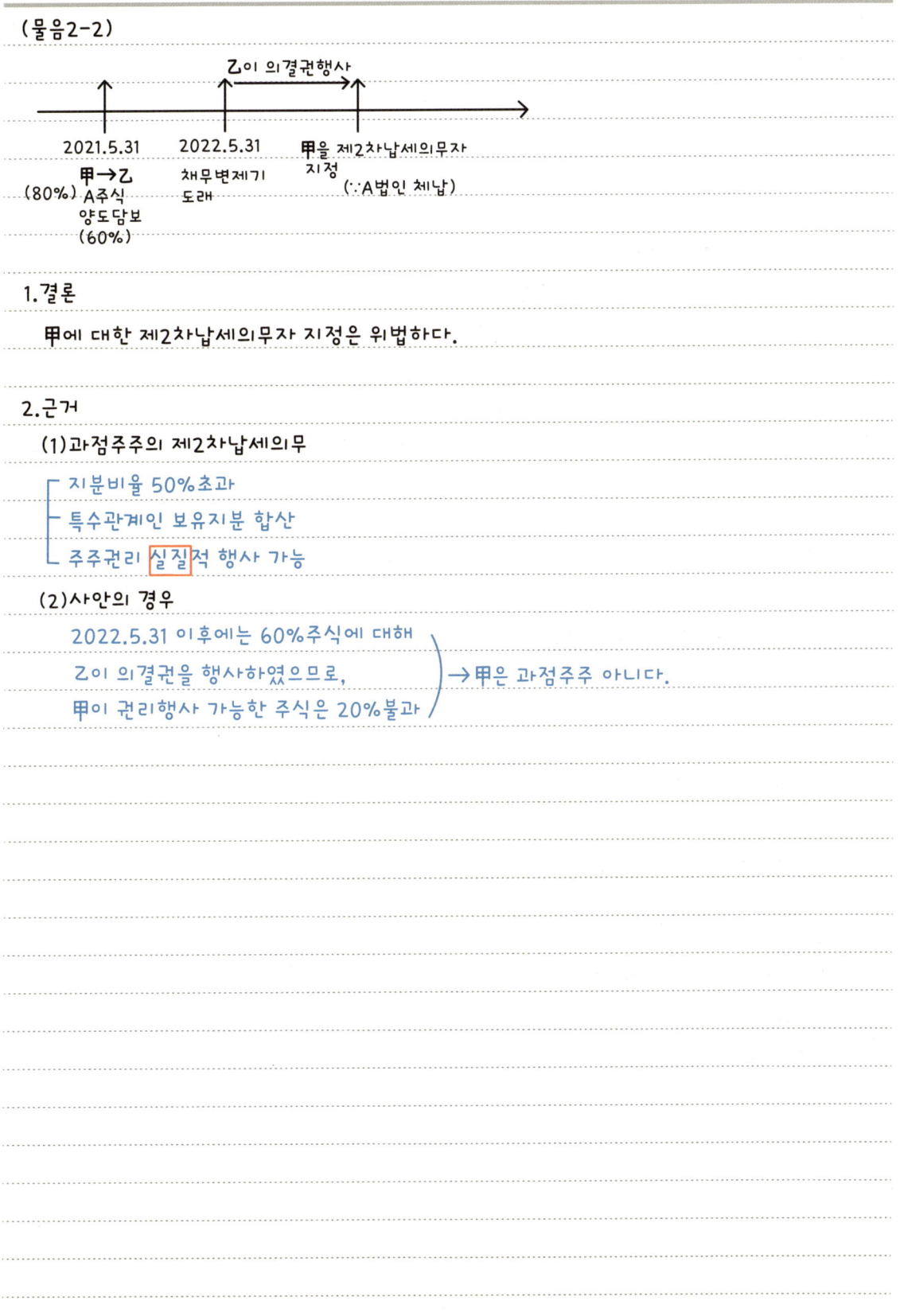

1. 결론

　甲에 대한 제2차납세의무자 지정은 위법하다.

2. 근거

　(1) 과점주주의 제2차납세의무
　　- 지분비율 50% 초과
　　- 특수관계인 보유지분 합산
　　- 주주권리 실질적 행사 가능

　(2) 사안의 경우
　　2022.5.31 이후에는 60% 주식에 대해
　　乙이 의결권을 행사하였으므로,　　→ 甲은 과점주주 아니다.
　　甲이 권리행사 가능한 주식은 20% 불과

[문제14]

※. 후발적 경정 청구

　납세의무확정 ——→ 경정청구
　by [신고 / 경정·결정]   ↑ 후발적사유

- 청구인적격 ┬ 신고한 자
　　　　　　└ 결정·경정 받은 자
- 청구대상
  : 판/다/상/귀/취/해/소/유
  - (1) 판결 등
  - (2) 연동된 ┬ 다른 과세기간 ┐ 의 과세표준 OR 세액의
  　　　　　　└ 다른 세목 　　┘ 초과결정
  - (3) 조세조약 상호합의
  - (4) 소득·과세물건이 제3자에 귀속 결정
  - (5) 대통령령으로 정하는 사유 ┬ 1) 허가등이 취소
  　　　　　　　　　　　　　　　├ 2) 계약의 해제·취소
  　　　　　　　　　　　　　　　├ 3) 세액계산 불가사유 소멸
  　　　　　　　　　　　　　　　└ 4) 유사한 사유
- 청구기한 : 사유발생일로부터 3월


(물음2)
1. 결론 : A은행의 경정청구는 타당하지 않다.
2. 근거
   (1) 판결에 의해 다른것으로 확정된 경우
      1) 법리
      2) 사안의 경우
   (2) 대통령령으로 정하는 유사한 사유
      1) 법리
      2) 사안의 경우

[문제15]

✱.기한후 신고
- 요건
  - 법정신고기한까지 과세표준신고서 미제출(적/대)
  - 과세당국이 결정하여 통지하기 전(한)
- 효과
  1. 납세의무 확정효력 X
  2. 무신고가산세 감면 ─ 일정기간별로 일정비율로 감면
     └ 감면배제사유: 세무조사 착수사실 알고 신고
  3. 조세범처벌법상 형감면: 법정신고기한 도과후 6월內 라야

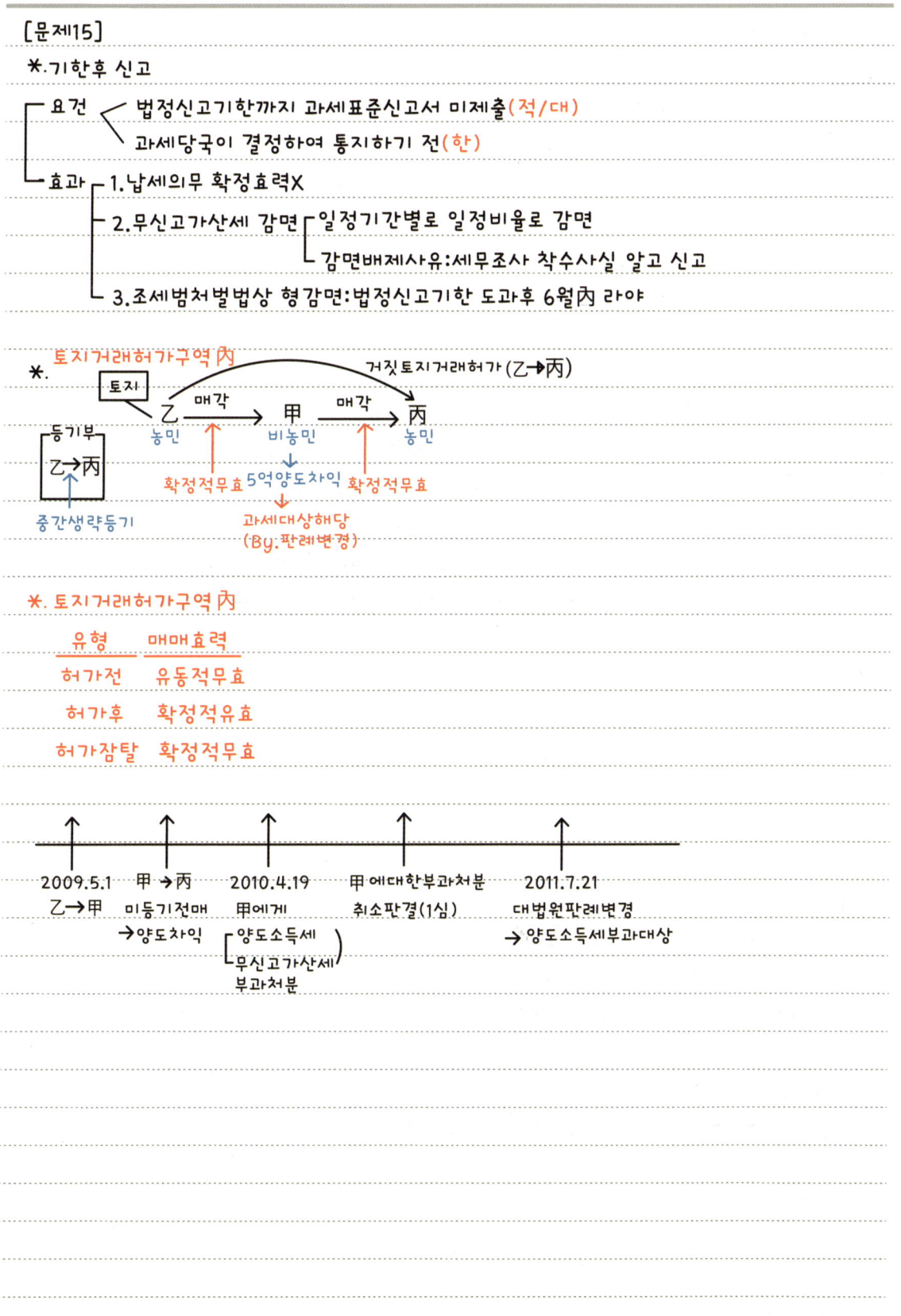

✱. 토지거래허가구역 内

| 유형 | 매매효력 |
|---|---|
| 허가전 | 유동적무효 |
| 허가후 | 확정적유효 |
| 허가잠탈 | 확정적무효 |

↑ 2009.5.1  乙→甲  →미등기전매  →양도차익

↑ 2010.4.19  甲→丙  甲에게 [양도소득세, 무신고가산세] 부과처분

↑ 甲에 대한 부과처분 취소판결(1심)

↑ 2011.7.21  대법원판례변경  → 양도소득세 부과대상

※. 가산세 감면/경제

- 면제사유 (=100% 감면)
  기/정/질/수/실
  - 기한연장사유 : 재/육/사/정/금/압/세/준
  - 정당한사유 : 의무이행 기대하기 어려운 사정
               (=의무불이행을 탓할 수 없는 사유)
  - 세법해석 질의에 따라 신고·납부 → 이후 번복된 과세처분
  - 토지수용 등 세법상 의무이행 불가능
  - 실손의료보험금 관련 수정신고

- 감경사유
  - 수정신고시 : 불성실가산세 ─ 일정기간/일정비율
                              └ 감면배제사유
                              : 과세관청이 경정할 것을 미리 알고
  - 기한후신고시 : 무신고가산세 ─ 일정기간/일정비율
                               └ 감면배제사유
                               : 과세관청이 결정할 것을 미리 알고
  - 지연제출 등
    - (3) 예정신고분에 대하여 확정신고 기한까지 수정신고
          과소신고가산세
          ─ 50% 감면
          └ 감면배제사유
            : 과세관청이 결정할 것을 미리 알고
    - (4) 예정신고분에 대하여 확정신고 기한까지 기한후신고
          무신고가산세
          ─ 50% 감면
          └ 감면배제사유
            : 과세관청이 결정할 것을 미리 알고

(물음2)

신고납세 ──의무불이행──→ 부과
과소신고                  경정
무신고                    결정

(물음3)
1. 결론 : 甲에 대한 무신고·무납부 가산세 부과는 〈 적법 / 위법 〉

2. 근거
   (1) 가산세 면제 사유 中 정당한 사유
       : 의무불이행을 탓할 수 없는 사정
   (2) 사안의 경우

[문제16]

(물음1)

토지 →(명의신탁)→ 甲 → A 배우자 →(처분)→ B
↑ 명의신탁자 (실질)    ↑ 명의수탁자 (형식)    ↓ 양도차익

1. 결론

적법하다.

2. 근거

(1) 실질과세원칙
　1) 의의
　2) 유형

(2) 사안의 경우
　'귀속에 관한 실질과세' 적용

(물음2)

1. 결론

제척기간 도과하지 않았다.
7년의

2. 근거

(1) 국세부과제척기간

　(1) 의의    ← 사례해결의 Key
　2) 종류
　3) 기산점

(2) 사안의 경우

   1) 10년 적용여부         사기기타부정한행위

  부동산 명의신탁 ─ 원칙     해당 O

                ┌ 종중
               ├ 배우자간   해당 X
               └ 종교단체

   2) 7년 적용여부

    ① 양도소득 신고납부의무자인 甲의 신고 X → 무신고

    ②

      2016.3    2017.5.31   2022.7   2024.5.31
       양도     확정신고기한    부과   제척기간만료일

(물음3)

1. 결론

  적법하지 않다.

2. 근거

  (1) 무신고가산세            (2) 사안의 경우

   1) 가산세율              1) 일반무신고가산세 : 20%

    ① 부정 : 40%         2) 대상금액 : 3억

    ② 일반 : 20%           산출세액

   2) 적용대상금액           (감면세액)

    ┌ Not 산출세액         (기납부세액)

    └ But 납부할세액       = 납부할세액

                        3) 소결 : 6천만원

[문제17]

(물음1)

1. 결론

행정소송을 제기할수 없다.

2. 근거

(1) 항고소송의 대상인 처분성

1) 처분의 의의
- 우월한 공권력의 행사
- 국민의 권리·의무에 직접 영향

2) 환급거부통지의 처분성

(2) 사안의 경우
- 환급거부통지의 처분성
- → 조세 과오납시 반환청구권은 민사상 부당이득반환관계
  → 민사소송의 대상

**.금전지급청구권

| 발생원인 | 발생상황 | 지급거절시 → | 관련소송 | 사례 |
|---|---|---|---|---|
| 사법 | 법령상 당연히 | 처분성X | 민사상부당이득반환소송 | 조세과오납 |
| 공법 | 법령상 당연히 | 처분성X | 당사자소송 | 부가가치세환급 |
| | 지급결정이있어야 | 처분성O | 항고소송 (거부처분취소소송) | |

(물음2)

세무서장 ← 원천징수세액납부 ← A연구소 (원천징수의무자, 절차법상납부의무, 환급청구권자)

세무서장 — 직접적법률관계 — A연구소

A연구소 ↓ 근로소득원천징수후 명퇴장려금 → 甲연구원 (원천납세의무자, 실체법상납부의무)

세무서장 — 간접적 법률관계 — 甲연구원

### 1. 결론
甲연구원에게는 환급청구권 없다.

### 2. 근거
**(1) 국세환급청구권의 주체**
국세기본법상 원천징수의무자를 환급청구권자로 규정

**(2) 사안의 경우**

(물음3)

### 1. 결론
甲연구원에게는 경정청구권 있다.

### 2. 근거
**(1) 경정청구권의 주체**
- Not only 기한 내 OR 기한 후 과세표준신고서 제출한자
- But also 원천징수의무자가 원천징수 후, 연말정산으로 종결한경우
  → 원천징수대상자(원천납세의무자)가 제출한것으로 본다.

**(2) 사안의 경우**

※. (물음2) VS. (물음3)  국세기본법 → IF. 거부통지

원천징수대상자用 (원천납세의무자)
- 환급청구권 X        거부처분취소소송 X
- 경정청구권 O        거부처분취소소송 O

[문제18]
*. 소득금액변동통지

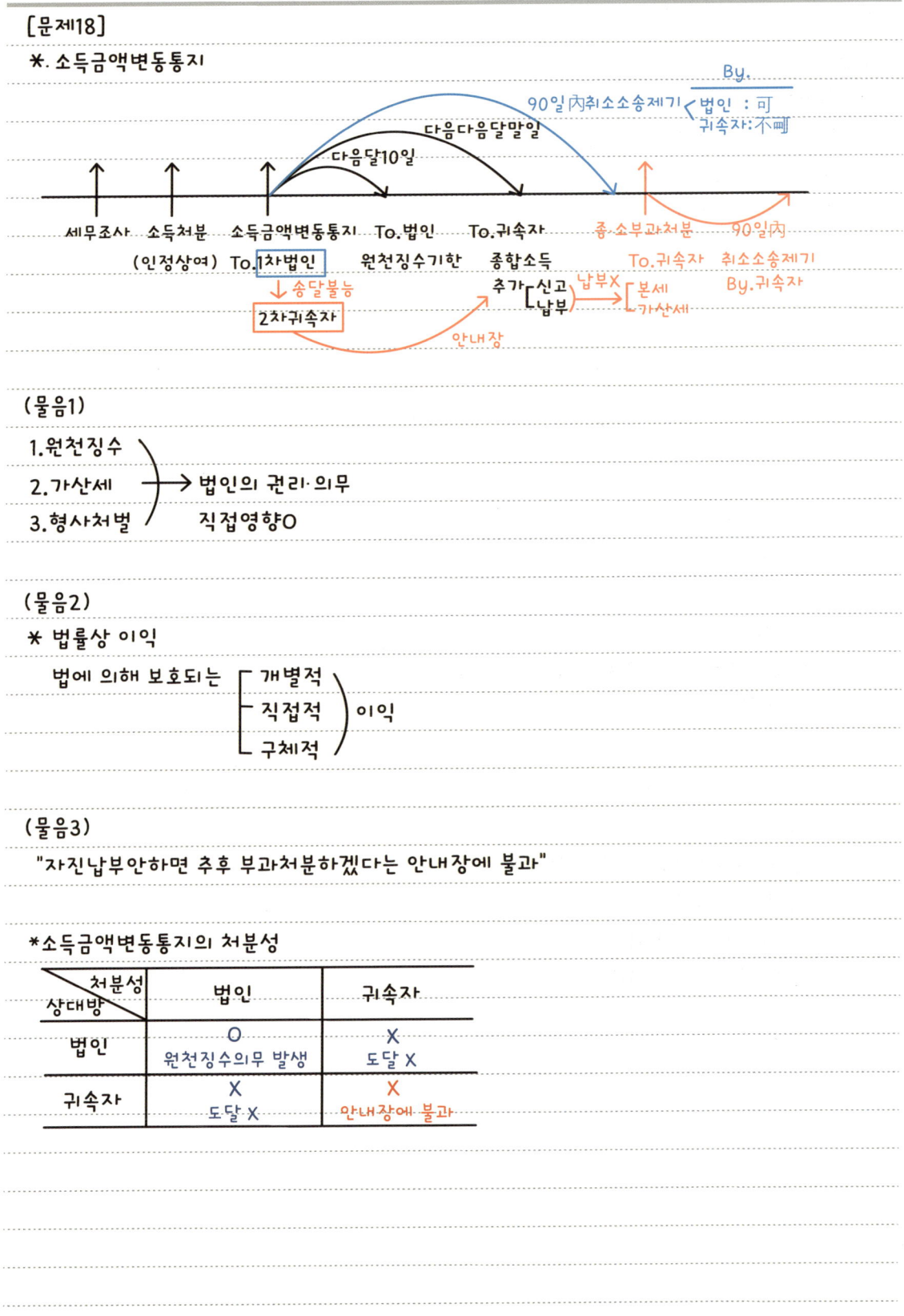

(물음1)
1. 원천징수
2. 가산세 → 법인의 권리·의무
3. 형사처벌   직접영향O

(물음2)
* 법률상 이익
   법에 의해 보호되는 ┌ 개별적
                      ├ 직접적 ┤ 이익
                      └ 구체적

(물음3)
"자진납부안하면 추후 부과처분하겠다는 안내장에 불과"

*소득금액변동통지의 처분성

| 처분성<br>상대방 | 법인 | 귀속자 |
|---|---|---|
| 법인 | O<br>원천징수의무 발생 | X<br>도달 X |
| 귀속자 | X<br>도달 X | X<br>안내장에 불과 |

[문제19]
(물음1)
1. 불복청구인 ← 원고적격
   (1) 처분 or 부작위 상대방
      권리·이익을 침해당한자
   (2) 법률상 이해관계인
      1) 제2차납세의무자 & 통지
      2) 물적납세의무자 & 통지
      3) 보증인
      비교) 연대납세의무자는 해당X
      (∵ 연대납세의무 통지시 "처분의 상대방"이 된다.)

2. 대리인
   (1) 일반적인 경우
      1) 원칙
         세무사, 회계사, 변호사
      2) 납부세액 3천만원 미만
         배우자, 4촌이내의 혈족, 인척 등
   (2) 국선대리인
      1) 취지
         영세납세의무자 권리구제
      2) 요건
         ① 종합소득금액, 재산평가액 법정금액 이하
         ② 법인아닐 것
         ③ 불복금액 5천만원 이하
         ④ 상증세, 종부세 제외

(물음2)

1. 결론

　불복청구 가능

2. 근거

　(1) 국세기본법상 불복청구대상

　　처분성 ┌ 행정청
　　　　　 ├ 우월한 공권력 행사
　　　　　 └ 국민의 권리 의무 직접 영향

　(2) 사안의 경우

　　┌ 세무조사 사전통지가 있으면 세무조사 응할 법적의무 발생
　　└ 국민의 권리·의무 직접 영향을 미치는 처분에 해당

\*.　　　　IF. 위법한　　　　　위법한
　　　[세무조사] ──── [과세처분]
　　　　　↓　　　　　　　　↓
　　　세무조사통지처분　　과세처분취소소송
　　　취소소송

　분쟁의 조기적해결에 기여


\*. 중복세무조사

1. 원칙

　금지

2. 예외

　허용 (명/상/2/재/금/부/일/제/환/범)


(물음2-1)

당해 2차 세무조사 통지의 위법여부를 중복조사금지와 관련하여 서술하시오.

1. 결론

　2차 세무조사통지는 적법하다.

2. 근거

　(1) 중복세무조사

　　1) 요건

　　　동일한 과세기간, 동일한 세목에 대하여 거듭 조사하는 것

2) 효과
　① 원칙
　　위법하여, 터잡아 이루어진 과세처분도 위법하다.
　② 예외
　　#명/상/2/재/금/부/일/타/환/범
(2) 사안의 경우
　조세탈루 혐의에 대한 명백한 자료가 존재하기 때문에
　예외적으로 중복조사가 허용된다.

(물음3)

세무조사사전통지 → 세무조사 → 과세예고통지 → 과세전 적부심사청구 → 적부심사결정 → 과세처분
(과세예고통지에서 과세전 적부심사청구까지 30일내)

1. 결론
　당해 부과처분은 절차적 하자 있어서 위법하다.

2. 근거
　(1) 과세전 적부심사제도
　　사전적 권리 구제수단
　(2) 사안의 경우
　　과세예고통지 누락에 따라 과세전 적부심사를 활용할 기회 박탈
　　→ 절차적 권리 침해하여 위법/위법성 정도는 무효

[문제20]

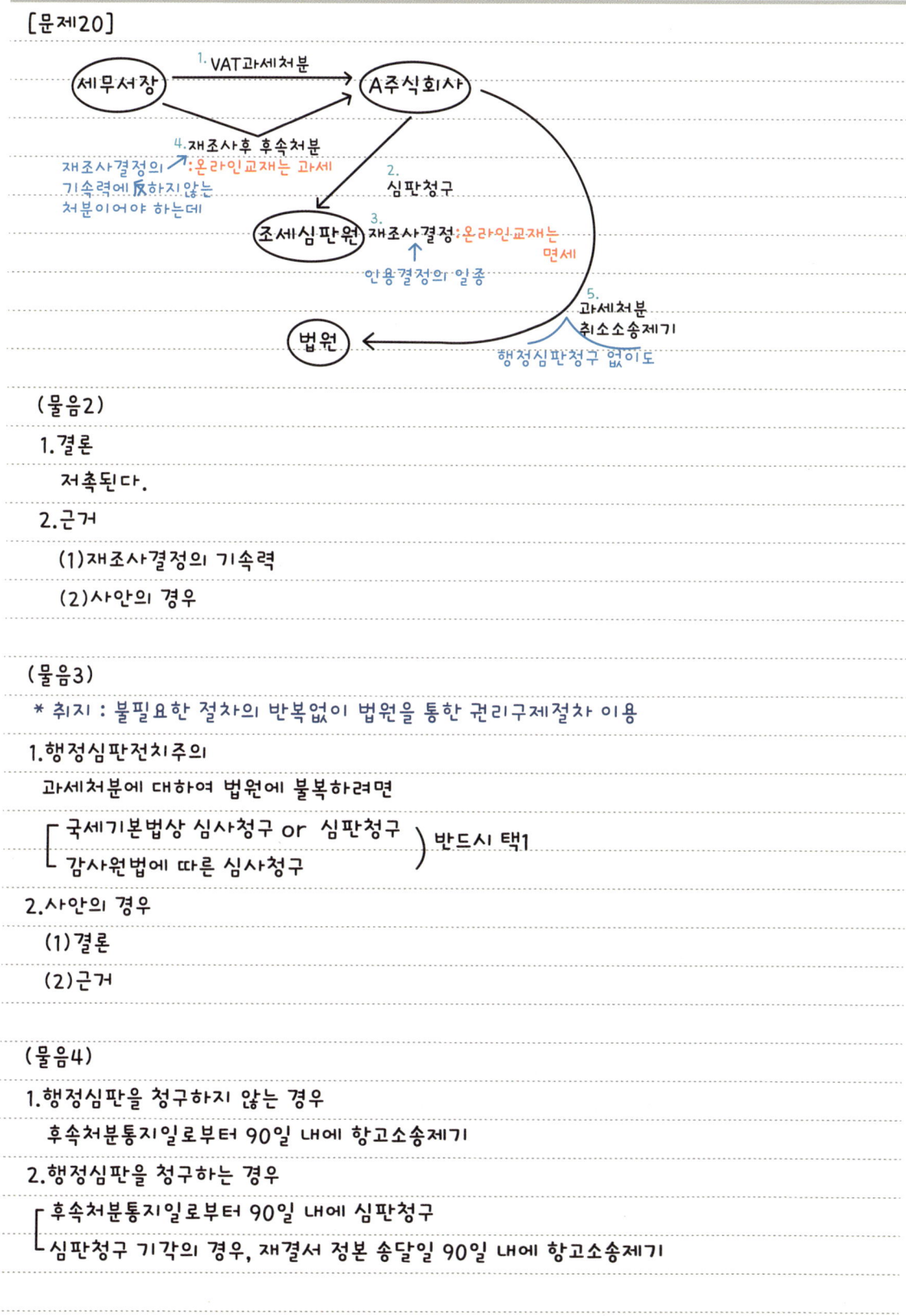

(물음2)

1. 결론

　저촉된다.

2. 근거

　(1) 재조사결정의 기속력

　(2) 사안의 경우


(물음3)

* 취지 : 불필요한 절차의 반복없이 법원을 통한 권리구제절차 이용

1. 행정심판전치주의

　과세처분에 대하여 법원에 불복하려면

　┌ 국세기본법상 심사청구 or 심판청구 ┐ 반드시 택1
　└ 감사원법에 따른 심사청구　　　　　┘

2. 사안의 경우

　(1) 결론

　(2) 근거


(물음4)

1. 행정심판을 청구하지 않는 경우

　후속처분통지일로부터 90일 내에 항고소송제기

2. 행정심판을 청구하는 경우

　┌ 후속처분통지일로부터 90일 내에 심판청구
　└ 심판청구 기각의 경우, 재결서 정본 송달일 90일 내에 항고소송제기

# 02
# 법인세법

[문제1]
(물음1)
✻. 소득처분 유형

```
                    세무조정결과 ──→ 세무조정금액
 ┌ 사내유보   세무상 < 자산증가      법인 內 존재
 │                   부채감소
 │─ 사외유출   세무상 < 자산증가     법인 外 존재    귀속자      유형      원천징수
 │                   부채감소                   ┌ 주주        배당          O
 │                                          ├ 임원·사용인   상여         O
 │                                          ├ 그 외의자    기타소득       O
 │                                          ┌ 법인                      
 │                                          └ 사업자      기타사외유출    X
 └ 기타       차이 X              법인 內 존재
```

(물음2)

1. 귀속자불분명 대표자상여처분 취지

   대표자상여에 따른 부담을 피하려면 소득의 귀속자를 스스로 밝혀라.

   → 세법상의 부당행위 방지

   → 공평과세의 실현

2. 국세부과원칙 위배 여부

   (1) 과잉금지의 원칙

   1) 결론

   　　과잉금지의 원칙 위배 X

   2) 근거

   | ① 과잉금지의 원칙 | 의미 | 보행중 흡연시 총으로 쏴죽이는 경우 | 귀속자불분명시 대표자상여 |
   |---|---|---|---|
   | (i) 목적의 정당성 : 정당한 목적 |  | O | O |
   | (ii) 수단의 적정성 : 목적달성기여 |  | O | O |
   | (iii) 침해의 최소성 : 최소 침해적인 수단 |  | X | O |
   | (iv) 법익의 균형성 : 공익 > 사익 |  | X | O |

   ② 사안의 경우

   　　(i) 조세회피 방지

   　　(ii) 과세관청 입증의 어려움

   　　(iii) 대표자가 실제 귀속자를 입증

   　　(iv) 공익 > 대표자의 경제적 불이익

(2) 평등원칙 위배 여부

  1) 결론

    평등원칙 위배 X

  2) 근거

    ① 평등원칙

      (i) 조세법률관계에 있어서 [같은것을 같게 / 다른것은 다르게] 취급할것을 요구 → 평등원칙

      (ii) ┌ 다른것은 다르게 → 합리적차별  위배 X
           └ 같은것을 다르게 → 자의적차별  위배 O

    ② 사안의 경우 (Btw 대표자 & 회사의 다른구성원)

      대표자는 회사 내 의사 결정자로서

      자산의 사외유출을 파악하고 통제 할 수 있는 지위

      → 귀속자불분명시, 회사 내 다른구성원과 달리

      대표자상여 소득처분은 합리적차별

---

(물음3)

＊. 소득금액변동통지

[타임라인 도식]
- 법인에 대한 소득처분 세무조사 (인정상여)
- 소득금액변동통지 To. 법인 (1차적) / 귀속자 (2차적)
- 다음달 10일 → To. 법인 원천징수 납부기한
- 다음다음달말일 → To. 귀속자 종합소득 자진납부기한
- 90일내 → 취소소송제기 [법인可 / 귀속자 不可]
- To. 귀속자 소득세 가산세 부과처분
- 90일내 → 취소소송제기 By. 귀속자

[흐름도]
과세당국 —소득금액변동통지→ 법인 —추가신고·납부통지→ 소득의귀속자
(1차적)
법인에송달불능등 → 소득금액변동통지 (2차적)

| 상대방 | 통지의처분성 | |
|---|---|---|
| | 법인 | 귀속자 |
| 소득금액변동통지 ┌ 법인 | O | X |
|                        └ 귀속자 | X | X |

[문제2]
├─ 법인세법상 과세문제 ← 세무조정 / 소득처분 / 법인세 경정 / 원천징수
└─ 소득세법상 과세문제 ← 원천징수 / 연말정산 / 종합소득 확정신고

※. 회사 임직원의 횡령시 소득처분

|  | 일치 | 회사→임직원 손해배상청구권 | 소득처분 | 사례 |
|---|---|---|---|---|
| 회사 – 임직원간 경제적 이해관계 | O | X | 사외유출 | 대표이사 |
|  | X | O | 유보 | 단순한 피용자 |

⟨사례1⟩

| 甲 | 과세관청 |
|---|---|
| 1. 사외유출이 아닌 사내유보 | 1. 甲과 회사간 경제적 이해관계 일치 |
| 2. 횡령으로 인한 소득은 위법소득으로서 열거X | 2. 위법소득에 대한 과세 가능 |

⟨사례2⟩
(물음3)

| | A법인세 부담 | |
|---|---|---|
| | 법인세 추납 | 원천징수 |
| ⟨익금산입⟩ 1억 (상여) | O | O |
| 1억 (유보) | O | X  세부담차이 |

(물음4)

```
           1.매출
      Ⓐ사 ────────→ Ⓑ사
       ↑↓              │
  4.현금(1억) 5.반제      │2.대금1억지급
  :단기차입금            │
       ↓                ↓
  현금1억 가수금1억      甲
   (자산)  (부채)      대표이사
```

⇒ 순자산증가X(사내유보X) 3.매출누락→사외유출

┌ 매출누락시점에 사외유출
└ 그 이후에 변함이 없다.


1. 결론

　　대표자 상여 소득처분


2. 근거

　(1) 매출누락 후 가수금 계상시 소득처분

　　　　추후 대표이사에게 변제가 예정

　　　　　→ 순자산 증가X, 사내유보가 아닌 사외유출

　(2) 사안의 경우

　　　　매출누락시점에서 이미 대표이사에게 귀속

　　　　　→ 사외유출 중 인정상여

[문제3]
＊.임직원의 횡령시 소득처분
→ 회사-임직원 간 경제적 이해관계 일치하는가

|  | 의미 | 사례 | 소득처분 |
|---|---|---|---|
| 일치 | 회수가능성X | 대표이사(실질적경영자) | 사외유출(인정상여) |
| 불일치 | 회수가능성O | 직원(피용자) | 사내유보(손해배상채권) |

(물음1)
1. 결론
　상여처분금액 1억이어야한다.

2. 근거
　(1) 상여처분금액 결정방법
　　회사에서 이미 원가를 투입하였을 것이므로
　　특별한사정 없는 한 매출누락액 전액이 사외유출

　(2) 특별한사정의 증명책임

| 내용 | 증명책임 |
|---|---|
| 1) 매출누락 대응경비 장부반영X | 회사 |

　　→ 세무조정은
　　　[매출누락액 1억 / 대응원가 6천) 사외유출금액은 4천 익금산입

| 2) 귀속자가 대응경비 부담 | 귀속자 |
|---|---|

　(3) 사안의 경우
　　위 2가지에 대하여 입증X → 매출누락액 전액을 소득처분

\* A사의 대표이사 甲에 대한 소득처분

1. 일반적인 경우 (현금매출 누락)

X사 ⇄ A사 ⇄ B
0.6억 (물건)  1억 (물건)

2. 매출누락

(case1)

X사 ⇄ A사 → B  대표자 상여
0.6억 (물건)  (물건)        1억
         ↓ 1억
         甲 대표이사

(case2)

X사 → A사 → B
(물건) (물건)
↑0.6억  ↓1억
    甲 대표이사

| 대표자 상여 | 입증할 사항 | 입증주체 |
|---|---|---|
| 0.4억 | ① 매출원가 장부계상 X | A사 |
|  | ② 매출원가 귀속자 부담 | 대표이사 |

(물음2)
1. 결론
   A회사의 주장은 타당하지 않다.

2. 근거
   (1) 사외유출된 금액 회수시 소득처분
   1) 자발적인 자기시정에 해당O
      ┌ 수정신고기한 內
      ├ 자발적
      ├ 회수
      └ 세무조정
      ⇒ 사내유보
      익금산입따른 법인세 경정

   2) 자발적인 자기시정 해당X
      ① 경정이 있을것을 미리 알고 회수
         By. 법인세법
      ② 경정이 있은 후에 회수
         By. 판례
      ⇒ 사외유출
      ┌ 익금산입 따른 법인세 경정
      └ 소득처분 따른 원천징수의무

   (2) 사안의 경우
      경정이 있은 후에 회수한 경우에 해당

(물음3)

|  | (1) 소득처분 | (2) 대손시 세무처리 | (3) 乙의 과세내용 |
|---|---|---|---|
| 회수위한 노력 1. O | 사내유보 | 대손인정O | 근로소득X |
| 회수위한 노력 2. X | 사외유출 | 대손인정X | 근로소득O |

[문제4]

(물음1-1)
- 증여세 회피
- 법인세 이연
} 방지

(물음1-2)

1. 결론

    사안의 경우 특수관계인인 개인으로부터의 유가증권 저가매입 해당

2. 근거

    (1) 법인세법상 "시가"의 의미

    1) 원칙

    ① 법인 - 비특수관계인 간 거래
       OR                                } 가격
    ② 일반적인 제3자 간 거래

    2) 시가 불분명

    순차로 ① 감정가액  다만, 주식등은 제외
          ② 상증세법상 보충적 평가 방법

    (2) 사안의 경우

    1) 요건
    - 丙법인과 임원丁 → 특수관계인인 개인
    - 비상장주식 → 유가증권
    - 20,000원에 매입 → 시가는 30,000원이므로 저가매입

    2) 효과

    (30,000 - 20,000) × 50,000주 → 익금산입(유보)소득처분
      시가      저가

(물음2-1)
1. 결론
　별도의 세무조정은 없다.

2. 근거
관련법리 (1) 특수관계인에 대한 업무무관가지급금 약정이자는
　　　　　당해 사업연도 익금산입 대상

사안의경우 (2) 2021 사업연도 미수이자 계상은 적정

※. 업무무관가지급금

| 특수관계 | 익금산입 대상 |
|---|---|
| 소멸 O | 미회수 가지급금 & 이자 |
| 소멸 X | 이자발생사업연도 종료일 1년내, 미회수 이자 |

(물음2-2)
1. 세무조정 및 소득처분
　2021 계상 미수이자 대상

[문제5]
(물음1)

```
         2021        2022
    ┌─────↑──────────↑─────┐
         11월 ←비용지출→ 4/21
              ←────최초사업연도────→
              ↑        ↑
           손금산입   손금산입
              X        O
```

(1) 설립 등기 이전 지출비용의 손금산입 (손익귀속)
  1) 요건
    ① 설립등기 이전 비용 지출 (손익발생)
    ② 조세회피우려 X
  2) 효과
    ① 1년 초과 않는 범위 내에서 손금산입 (손익산입)
    ② 사업연도 개시일은 ┌ Not. 설립등기일
                        └ But. 손익 최초 발생일

[문제6]

(물음1)

1. 결론

   (1) 시가발행 → 과세문제 X

   (2) 시가초과발행 → 채무면제이익 과세문제 O

2. 근거

   (1) 시가발행인 경우

      Case 1) 발행가 7,000 ⎫ 2,000 주·발·초
              액면금 5,000 ⎭ → 자본거래

      Case 2) 액면금 5,000 ⎫ 2,000 주·할·차
              발행가 3,000 ⎭ → 자본거래

   → 자본거래이므로 액면미달이건 액면초과이건 과세문제 X

   (2) 시가초과발행인 경우

      Case 1)　　　　　　　　　　　익금산입

         발행가 100억 ⎤ 채무면제이익　O
         시가　　 70억 ⎦
         액면가　 50억   주·발·초　　X

      Case 2)

         발행가 100억 ⎤ 채무면제이익　O
         액면가　 50억 ⎦
         시가　　 30억   주·할·차　　X

2. 근거
　(1) 출자전환에 따른 채무면제이익 과세
　　1) 시가발행 : 과세문제 X (자본거래이므로)
　　2) 시가 초과 발행
　　　① 원칙 : 채무면제이익 **익금산입**
　　　　┌ 시가 ⊖ 발행가(액면가) : 채무면제이익
　　　　└ 시가 ⊖ 액면가 : 주발초 또는 주할차 (과세대상X)
　　　② 특례
　　　　(i) 이월결손금 보전 (과거)
　　　　　　기간제한 없음
　　　　(ii) 과세이연 (미래)
　　　　　ⓐ 채무자 회생 및 파산에 관한 법률 등에 따라 회생계획인가결정을 받은 경우
　　　　　ⓑ 이후 사업연도에서 발생하는 결손금과 상계 可
　(2) 사안의 경우
　　1) 시가발행
　　2) 시가초과발행


＊ 출자전환시 채무면제이익
　1. 원칙
　　발행가액 - 시가 = 채무면제이익 → 익금산입
　2. 예외
　　(1) 이월결손금 보전 (과거)
　　　　기간제한 X
　　(2) 과세이연 특례 (미래)
　　┌─ 이후 사업연도 결손금과 상계
　　│　　　┌ 채무자 회생 및 파산에 관한 법률
　　│ 4가지├ 기업구조조정 촉진법
　　│ 법률에├ 금융실명거래 및 비밀보장에 관한 법률
　　│ 근거 └ 기업활력제고를 위한 특별법
　　└─ 사후관리 : 사업폐지시 익금산입

(물음2)
1. 결론
    채권의 장부가액 100억이 주식의 취득가액이 된다.

2. 근거
    (1) 채무의 출자전환에 따라 취득한 주식의 평가
        1) 원칙
            취득 당시의 주식시가
        2) 예외
            「채무자회생 및 파산에 관한 법률」 등에 의한 경우
            → 채권의 장부가액을 주식의 취득가액
    (2) 사안의 경우
        채권의 장부가액 100억을 주식취득가액


(물음3)
※. 정당한 사유의 요건
    ┬ 특수관계인 외의 자와의 거래
    ├ 장래회수 불확실
    ├ 조기회수목적
    └ 불가피 포기

※. 보증채무의 대위변제로 인한 구상채권

```
          3. 변제 X
           (100억)
    5. 구상채권   1. 금전대여
      (100억)  A ←――――― B  채권자
            채무자 ↑6.파산    
  7. : 회수불능    ↑       ↗
    But, 대손처리 不可  2.채무보증  4. 보증채무이행
      (손금인정X)      C       (100억)
                    보증인
```

※ ─ 보증채무의 대위변제로 인한 구상채권
   └ 업무무관가지급금

  → ┌ 대손금
    ├ 대손충당금    ⎫ 불인정
    └ 채권처분손실  ⎭

[문제7]
- 3억 : 면책
- 2억 : 출자전환 (시가 1억원)
- 5억 : 변제유예 (현재가치 3억원)

※. 구상채권

```
                3. 변제 X
       채무자  ←1.금전대여  채권자
        乙                    丙
         ↑                    ↑
  5.채무보증              
   구상채권    2.보증    4.보증이행
              ↘    ↗
              보증인
                甲
```

※. 채무보증 구상채권
→ 대손처리
  - 원칙 : 불가
  - 예외 : 가능
    - ㉠정거래법에 따른 채무보증
    - 일정한 요건을 갖춘 ㉮융회사 등이 행한 채무보증
    - 대중소기업 상생법에 따라, ㉯탁기업이 수탁기업에 대하여 행한 채무보증
    - ㉰용보증사업을 하는 법인이 행한 채무보증
    - ㉱설회사가 건설업 관련하여 요건을 갖춰 행하는 채무보증
    - ㉲외자원개발사업 관련 현지법인에 대한 채무보증

(물음1)

甲 —— 채무보증구상채권 (10억) ——→ 乙

- 면책 (3억) ——→ 채무면제이익 (3억)
- 출자전환 (2억) ——→ 채무면제이익 (1억)
- 조건변경 (5억) ——→ 채무조정이익 (2억)

채권처분손실 (2억)

1. 면책된 채무

 (1) 결론
  - 손금불산입
  - 기타사외유출

 (2) 근거
  1) 대손불인정 채권    특수관계
   ① 채무보증 구상채권 : 불문
   ② 업무무관 가지급금 : 필요
  2) 사안의 경우
     채무보증 구상채권

※ 출자전환주식 취득가액

시가 ——→ 장부가 ——→ 시가
   회생계획         채무보증구상채권
   인가결정 등       or
                업무무관가지급금

※ 대손 불인정 채권
- 대손상각비
- 대손충당금    } 마찬가지
- 채권처분손실

※. 출자전환 채무면제이익

1. 원칙

   익금산입

2. 예외

   (1) 이월결손금 보전 충당

   (2) 과세이연 ┬ 채무자 회생 및 파산에 관한 법률
              ├ 기업구조조정 촉진법          ┐ 부실기업
              ├ 기업활력제고 관한 법률       ┘ 구조조정 촉진
              └ 금융실명법


(물음2)

※. 업무관련비용

|  | 접대비 | 판매부대비용 | 광고선전비 | 복리후생비 |
|---|---|---|---|---|
| 상대방 | 사업관련자 | 사업관련자 | 불특정 다수인 | 회사임직원 |
| 목적 | 거래의 원활한 진행 | 판매촉진 직접기여 | 구매의욕자극 | 직원복리증진 |

[문제8]
(물음1)
1. 손금의 개념(3가지요소)
   (1) 자본거래 및 법인세법상 손금불산입 규정 제외
   (2) 순자산을 감소시키는 거래
   (3) 손비 (손실 및 비용)

2. 손비의 개념
   ① 사업관련성 & 통상성**
      or
   ② 수익관련성

   **┌ 다른법인도 동일한 상황에서 지출했을 비용
     └ 사회질서에 심히 반하지 않는것

*손비

|  | Ex |
|---|---|
| ┌ 사업관련성 & 통상성<br>│   or<br>└ 수익관련성 | ＜ 사 X : 업무무관자산<br>    통 X : 뇌물<br>업무무관자산의 양도차익 |

   양도가액  … 익금 ┐
   (취득가액) … 손금 ┘ 수익-비용대응
   ─────────
   양도차익

(물음2)
1. 견해의 대립
 (1) 긍정설
   1) 위법소득 ─────── 위법비용

   담세력이 있으면 과세    수익-비용 대응에 따라
                          손금인정해야

   2) 수익관련성의 경우에는 통상성 요구X
 (2) 부정설
   1) 약사법을 위반하여 지출되어 통상성 부인
   2) 수익관련성에서 통상성을 요구하지 않는 것은 입법의 오류에 불과

2. 판례의 입장
  (1) 원칙적인 입장
      수익비용대응에 따라 손금 인정
  (2) 사회질서 심히 반하는 경우
      손금불인정 ─ 제약회사에서 의사, 약사에게 리베이트 지급
              └ 유흥업소에서 호객원에게 수수료 지급

3. 리베이트의 손금인정여부
  ┌ 리베이트를 손금인정시 그로인한 약값상승의 부담은
  ├ 건강보험료를 내는 국민에게 귀속
  └ 리베이트는 "심히" 사회질서에 反하여 손금인정 不可


(물음3)
✱. 사외유출의 유형 및 과세문제 (귀속이 분명)

|  | 법인 | | 귀속자 |
|---|---|---|---|
|  | 원천징수의무 | 법인세추납 | 종·소추납 |
| (1) 인정배당 | O | O | 배당소득 |
| (2) 인정상여 | O | O | 근로소득 |
| (3) 인정기타소득 | O | O | 기타소득 |
| (4) 기타사외유출 | X | O | X |

[문제9]

```
← 2019 →← 2020 →← 2021 →← 2022 →
      ↑            ↑         ↑
   2019.3.8     2021.8.8   2022.7.7
   →렌탈계약    →계약해지  →손배채권
               손해배상채권   변제X
                  취득
```

(물음1-1)

```
         ← 시간적간격 →
      X1           X2
      ↑            ↑
   권리의확정    소득의실현
```

→ X1년의 소득에 해당
(∵ 납세자의 자의에 의해 소득의 귀속시기 달라지는것을 방지)

1. 조세평등주의
2. 권리의무확정주의
3. 양자의 관계


※ 구상금채권 취득(발생) But 미성숙

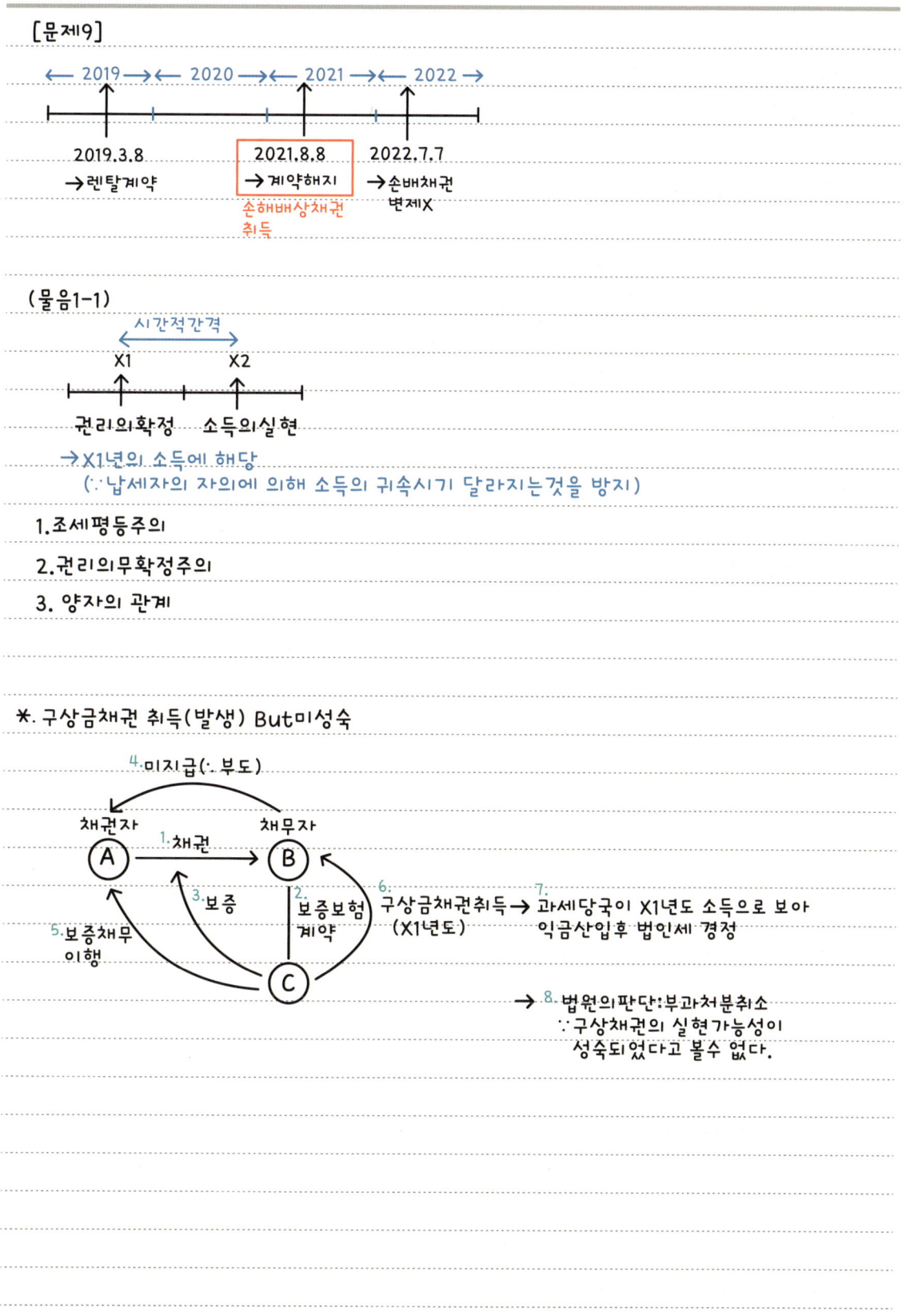

→ 8. 법원의판단 : 부과처분취소
  ∵ 구상채권의 실현가능성이
    성숙되었다고 볼수 없다.

&lt;답안목차&gt;

1. 결론

    부과처분은 위법하다.

2. 근거

    (1) 손익귀속에 관한 권리의무 확정주의

    1) 권리의 확정시기와 소득의 실현시기간 시간적 간격이 있는 경우 권리 확정시기의 소득으로 본다

    2) 권리의 확정이란 실현가능성이 상당히 높은 정도로 성숙하였을 것을 요한다

    3) 납세의무자의 자의에 따른 소득의 귀속시기 결정을 방지

    (2) 사안의 경우

※ 소득의 귀속시기 판단

1. 발생주의 : 거래의 발생
2. 권리의무 확정주의 : 실현가능성이 상당히 높은 정도로 성숙
3. 실현주의 : 수익의 실현
4. 현금주의 : 현금의 수령

```
                    ↑           ↑              ↑         ↑
        ─────────────────────────────────────────────────────
                  발생주의   권리의무확정주의   실현주의   현금주의

ex. 세무사의     계약체결   용역제공완료시              보수지급시
    세무컨설팅
    용역제공
```

(물음2)

비교) IF. 이미 지급
  ↓
위법소득의 실현
  ↓
과세 O

1. 익금산입 여부

    2021년도 익금산입대상

    ∵ 채권의 실현가능성이 성숙·확정

2. 사례의 경우

    ┌ 세무조정 : 익금산입
    └ 소득처분 : 유보

# [문제10]

## (물음1)

### 1. 권리의무 확정주의 개념

- 권리의 확정시기와
- 소득의 실현시기 간  ⇒ 권리의 확정시기 소득
- 시간적 간격

### 2. 권리의무 확정주의 취지

소득의 실현시기 조작을 통한 조세회피방지

```
                    ↑         시간적 간격         ↑
          ↑         |      ↔               |         ↑
──────────┼─────────┼──────────────────────┼─────────┼──────
        발생주의  권리의무확정주의         실현주의   현금주의

손익귀속시기  계약체결      용역제공완료      현실로 지급
```

## (물음2)

### 1. 결론

경정거부처분은 위법하다.

### 2. 근거

(1) 손익의 귀속시기

   1) 권리의무 확정주의

   2) 후발적사유 발생 시 처리방법

     ① 당초 사업연도에서 조정

     ② 사유 발생한 사업연도에서 조정

       (i) 법령상 → 대손금 등

       (ii) 회계관행상 → 매출에누리, 환입 등

(2) 사안의 경우

   법령상 or 회계관행상 사유발생사업연도 조정대상 ✕

   → 당초 사업연도인 2021사업연도에서 조정

   → 후발적 경정청구 대상

[문제11]

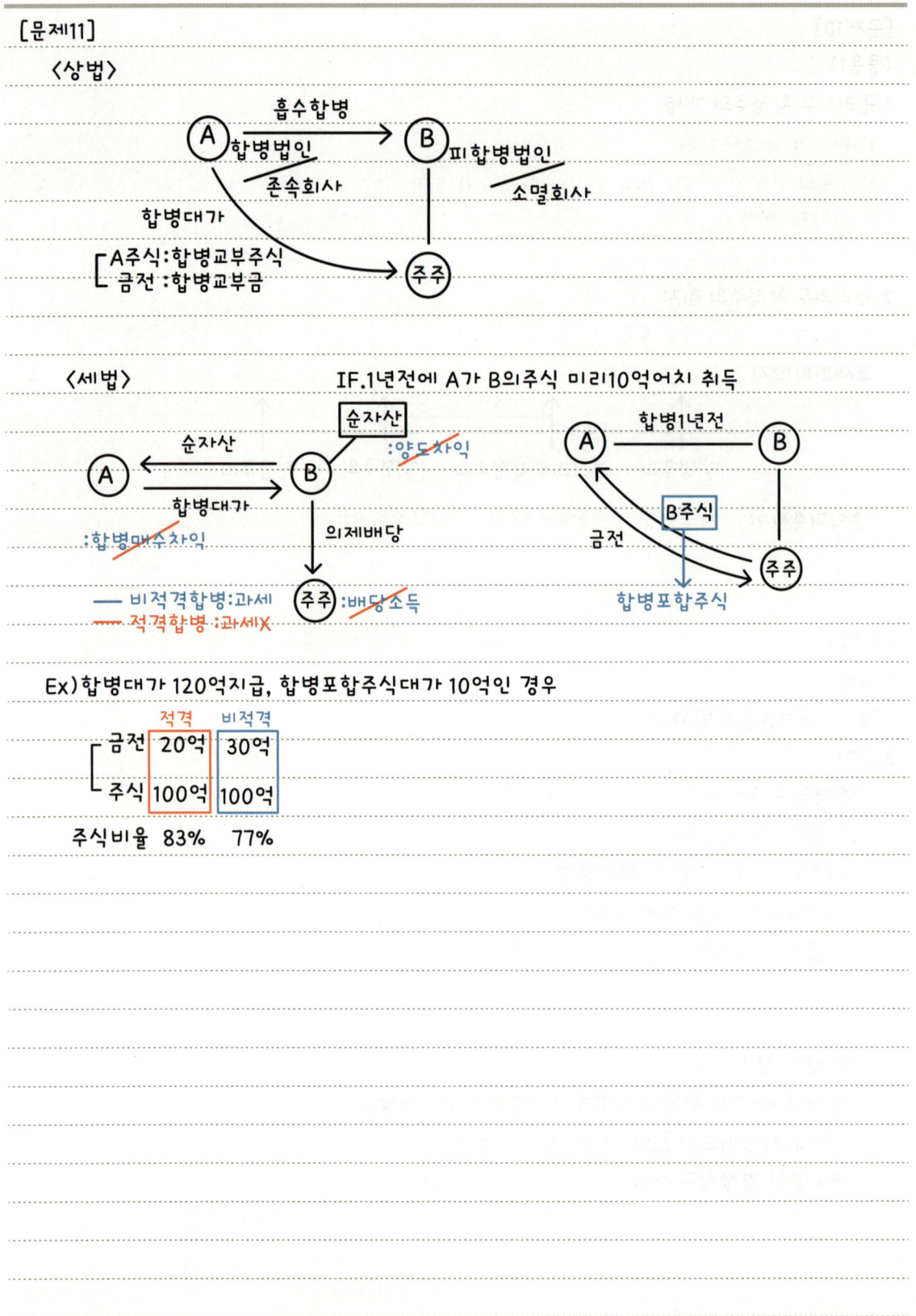

※ 피합병법인 양도가액 의제 (비적격합병의 경우)

```
        80만지급
        합병대가
  (A) ─────────→ (B)  순자산 < 장부가 80
        ∅      80                시가 100
         │      │
      ┌──┴─┐ ┌──┴──┐
      │A회사│ │기타주주│
      └────┘ └─────┘
      →합병포합주식
       (20%)   (80%)
```

IF. 합병포합주식에 합병대가 미지급하면 : 양도차익은
    B의 양도차익이 감소하여 과세 X
        80
       (80)
        ∅

⇒ 피합병법인의 양도가액 [ Not 80  : 양도차익은
                       But 100      100
                                    (80)
                                     20

※ 합병포합주식에 대해서 합병대가 지급 (By. 합병교부주식)

```
        합병대가                          비교)      합병
  (A) ─────────→ (B)                  (A) ─────→ (B)  순자산 ┬ 건물
        합병교부주식                                         ├ 토지
        (A주식)                                              ├ 자동차
         │                                                  └ A주식
      ┌──┴─┐ ┌──┴──┐                                 합병에 따라
      │A회사│ │기타주주│                                자기주식 취득
      │(A주식)│ │(A주식)│
      └────┘ └─────┘
      자기주식취득
```

(물음3)

1. 이월결손금의 공제·승계제한

　일반적인합병 : A + B → A
　　　　　　　　　우량  불량  우량
　역합병　　　 : A + B → B
　　　　　　　　　우량  불량  불량

(1) 내용

　1) 피합병법인의 이월결손금의 공제 제한 (정합병)
　　① 적격합병
　　② 피합병법인으로부터 승계받은 사업의 소득범위 內
　　　 80% 한도

　2) 합병법인의 이월결손금의 공제 제한 (역합병)
　　① 적격합병
　　② 합병법인으로부터 승계받은 사업의 소득범위 內
　　　 (합병법인 소득금액 ⊖ 피합병법인 소득금액) 80% 한도

(2) 취지

　이월결손금 공제만을 목적으로 하는 합병 방지

2. 자산의 처분손실 공제·승계 제한

(1) 내용

　1) 공제제한 처분손실
　　① 합병등기일 현재 자산의 시가 < 장부가
　　② 합병등기일 후 5년 이내 처분
　　③ 합병당시 시가 > 처분당시 시가 : 제한대상 X

　cf. 합병당시 BV ┐ 내재된 평가손실 O
　　　 합병당시 시가 ┘
　　　 합병당시 시가 ┐ 내재된 평가손실 X
　　　 처분당시 시가 ┘

　2) 공제대상소득
　　승계받은 사업 발생한 소득금액 범위

(2) 취지

　합병당시 이미 내재된 평가손실의
　현실화를 통해 소득금액 줄이는 것을 규제

[문제12]

※ 단순분할

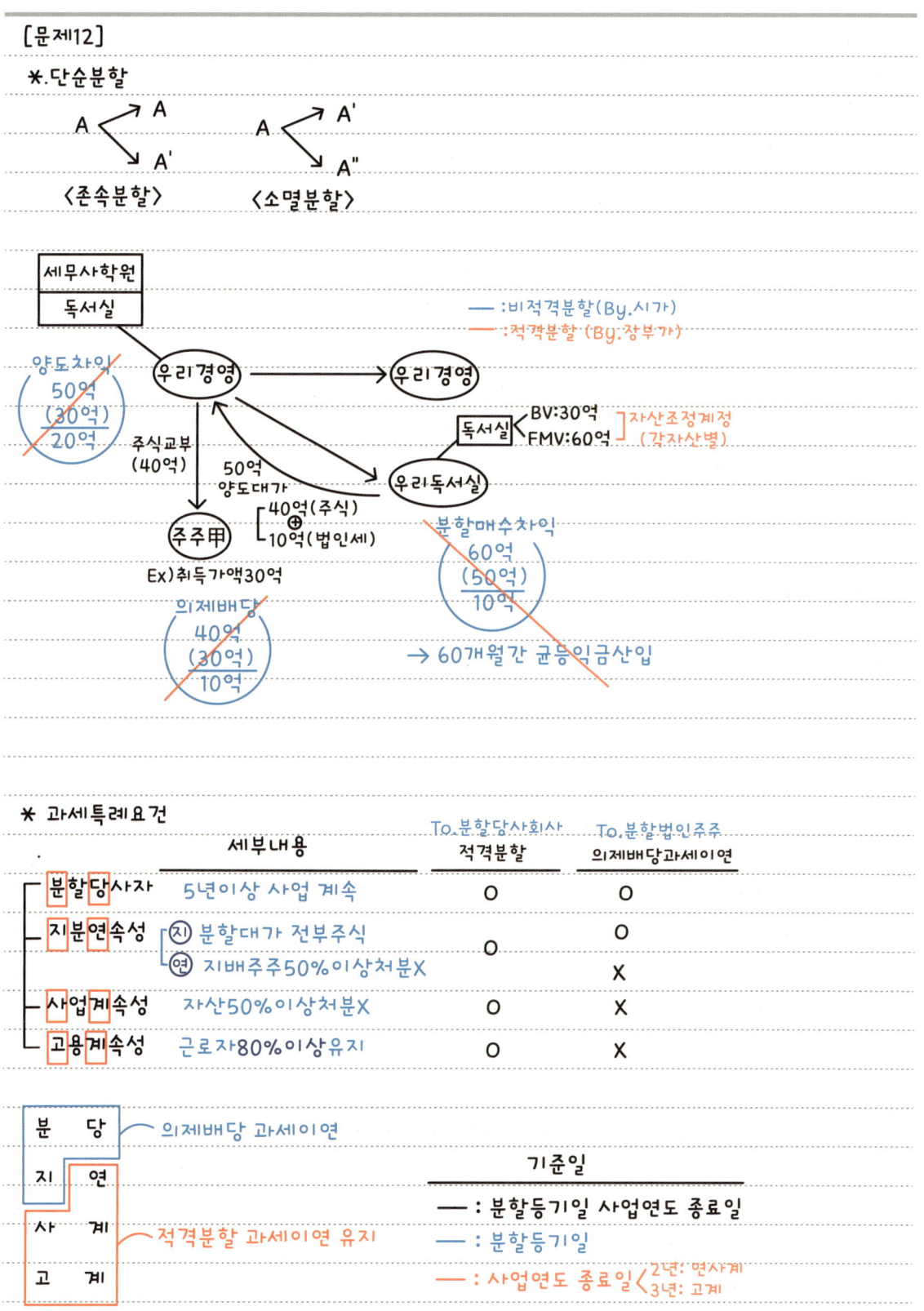

[문제13]

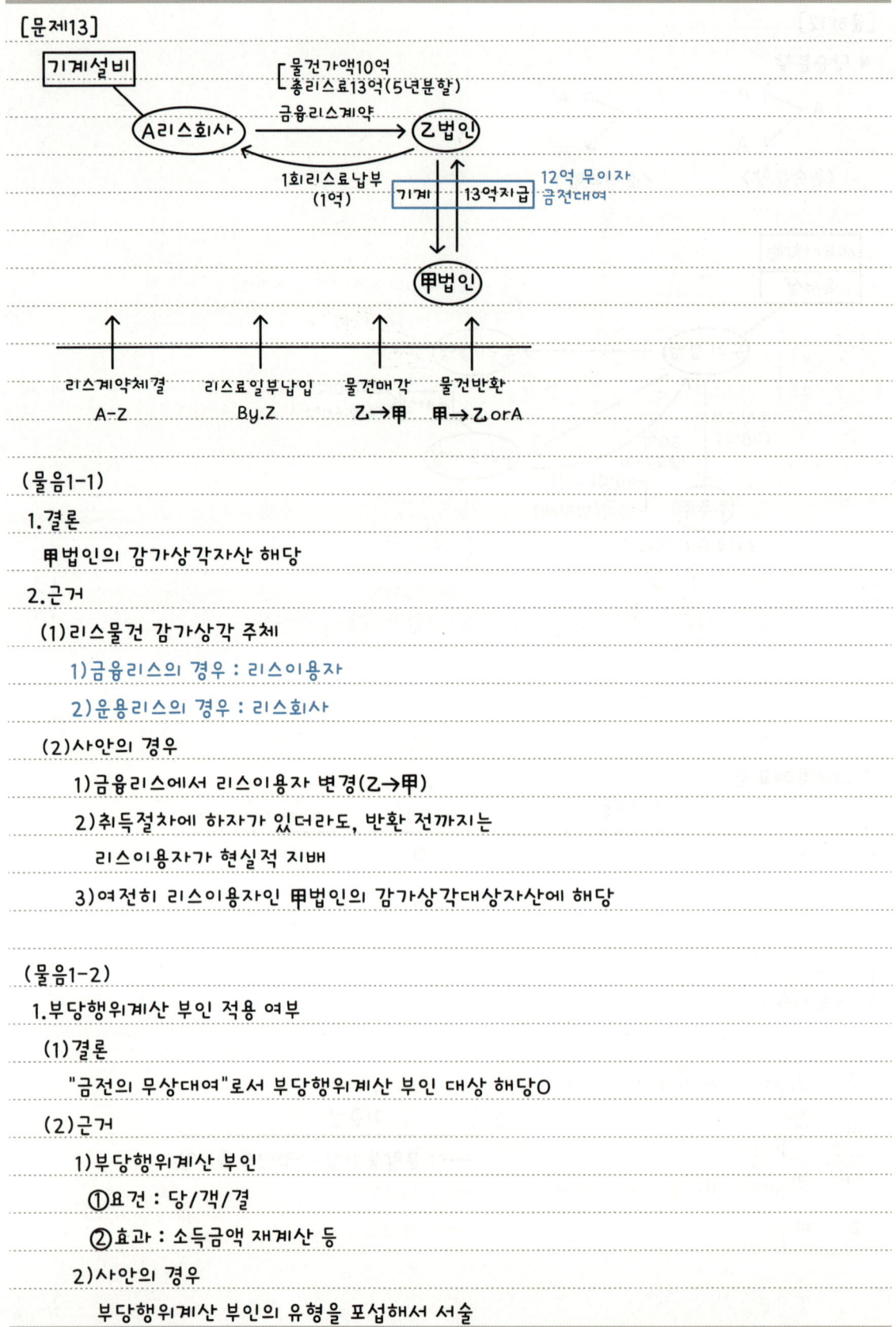

(물음1-1)

1. 결론

　甲법인의 감가상각자산 해당

2. 근거

　(1) 리스물건 감가상각 주체

　　1) 금융리스의 경우 : 리스이용자

　　2) 운용리스의 경우 : 리스회사

　(2) 사안의 경우

　　1) 금융리스에서 리스이용자 변경(乙→甲)

　　2) 취득절차에 하자가 있더라도, 반환 전까지는
　　　리스이용자가 현실적 지배

　　3) 여전히 리스이용자인 甲법인의 감가상각대상자산에 해당

(물음1-2)

1. 부당행위계산 부인 적용 여부

　(1) 결론

　　"금전의 무상대여"로서 부당행위계산 부인 대상 해당 O

　(2) 근거

　　1) 부당행위계산 부인

　　　① 요건 : 당/객/결

　　　② 효과 : 소득금액 재계산 등

　　2) 사안의 경우

　　　부당행위계산 부인의 유형을 포섭해서 서술

2. 관련 세무조정
   (1) 결론
       인정이자 익금산입
   (2) 근거
       무상대여금에 대한 적정한 인정이자만큼 익금산입

(물음2)
*. 업무무관 가지급금 회수불능사유 발생
   → 대손 불인정
   ┌ 대손금
   ├ 대손충당금  ⎫ 모두 손금불산입
   └ 자산처분손실 ⎭

2. 골프회원권 매각시 과세문제
   (1) 결론
       손금산입하지 않는다
   (2) 근거
       1) 업무무관 가지급금 회수불능
          ┌ 대손금
          ├ 대손충당금  ⎫ 손금불산입
          └ 자산처분손실 ⎭
       2) 사안의 경우
          자산 처분손실에 해당

[문제14]

```
        甲회사
   5.구상금  1.대출금    3.연대보증   4.보증채무이행
    채권    채권      ──────→
                              2.대출
    자회사  [ A  B  C ] ←────── 은행
```

(물음1)

1. 구상금채권 관련 불이익
  (1) 채권자체 대손불인정
  (2) 채권 처분손실 손금불산입 (그 실질은 대손)
  (3) 출자전환시 취득가액 [ Not 장부가
                         But 시가

```
┌ 추후 주가회복 ↑
│              │ 양도차익
├ 채권 장부가  ↓    ↑
│                  │ 양도차익
└ 주식시가         ↓
```

✱.출자전환시 주식의 취득가액

1. 원칙
  취득 당시 시가

2. 경영정상화 계획이행중
  ┌ 장부가
  └ 다만, 대손불인정 채권은 시가

| 제재 | 특수관계인에 대한 업무무관가지급금 | 특수관계 불문 채무보증구상채권 |
|---|---|---|
| 공통점 | 대손 불인정 (3가지) | |
| 차이점 | 인정이자 익금산입<br>지급이자 손금불산입 | |

\* 채무보증구상채권 중 특수관계인에 대한 경우는 업무무관가지급금이다.

```
          ←인정이자 익금산입     대손불인정
           지급이자 손금불산입→|
      ↑                    ↑
   업무무관가지급금          회수불능
                      (신고조정 or 결산조정)
```

(물음2)
1. 특수관계의 소멸여부
 (1) 결론
   소멸 X
 (2) 근거
   1) 법인세법상 특수관계인
     ① 혈족, 친척 등의 친족관계
     ② 임직원 등의 경제적 연관관계
     ③ 주주 등의 경영지배관계
   2) 사안의 경우
     모자회사 관계로서 경영지배관계 해당
     지분관계가 해소된 사실 X

## 2. 지급이자 손금불산입 여부

### (1) 결론
지급이자 손금불산입

### (2) 근거
1) 업무무관자산 등 지급이자 손금불산입

        요건               효과

   ① 요건        ② 효과

     업무무관자산 취득    상당하는 금액의 지급이자는
     업무무관 가지급금     손금불산입

2) 사안의 경우
   업무무관 가지급금에 해당

---

※. 대손인정여부

              특수관계   |   비특수관계

| 업무무관가지급금 | 특수관계소멸 | 회수불능사유발생 |
| To. 특수관계인 | Ex) 지분무상소각 | : 대손처리 **不可** |

---

Q. 2022中 대출금 채권 대손처리시 과세문제

  ┌ 세무조정 및 소득처분    손금불산입 XXX (기타사외유출)
  ├ 법인세 경정
  └ 원천징수               발생 X

[문제15]

1.

```
        1. 공사의뢰
    ┌─────────────→
    乙               甲            甲과 乙은 특수관계
    ←─────────────
  호텔회사  2.공사대금청구  건설회사
```

2.

```
              4. 구상금채권
         ┌─────────────────┐
         ↓   2. 채무보증     │
         乙 ←──────────── 甲
    채무자              보증인
         ↑
      1.│채권      3. 대위변제
         │     ←────────────
         丙
      채권자
```


(물음2)

※ 회수불능채권 손금산입

1. 신고조정사항

 (1) 요건
  ┌ 법령상 청구권 소멸
  └ 소·면·경

 (2) 효과
  사유발생 사업연도 손금


2. 결산조정사항

 (1) 요건
  ┌ 회수가능성 객관적 하락
  └ 소·면·경 이외 파산 등 사유

 (2) 효과
  손비로 계상한 사업연도 손금

[문제16]

```
    A주식        (Ex.시가:10억)
     │    매각
    (甲) ⇄ (B)사
     父   대금지급
     
     ┌(물음1)→ 15억:고가양수
     └(물음2)→ 8억:저가양도
     
              (乙) 주주
              子
```

✻. 부당행위계산부인

1. 요건

 (1) 당사자요건

  특수관계인 간 거래

 (2) 객관적요건

  행위·계산 부당할것

  경제적 합리성 유무

 (3) 결과적요건

  조세부담의 감소 초래

2. 효과

 (1) ✻소득금액재계산

 (2) 상대방 대응조정 불인정

 (3) 사법상효력 영향X

  부당성 ⟨ 경제적 합리성 By.사회통념
         현저한 이익의 분여

# ✱. 유가증권 저가매입에 대한 익금산입
  <u>요건</u>   <u>효과</u>

## 1. 의의
   (1) 개념 : 요건 - 효과
   (2) 취지
      증여에 따른 조세회피방지

## 2. 요건
   (1) 유가증권 ⟷ 다른자산 X
   (2) 특수관계있는 개인 ⇄ 비특수관계인 / 법인
   (3) 저가매입
      시가판단 By. 부·계·부

## 3. 효과
   (1) (시가 - 취득가액) 차액 익금산입
   (2) ┌ Not 추가과세
       └ But 과세시기를 앞당기는 의미

[문제17]

※. 법인세 (소득세/부가가치세) 추계조사

1. 추계사유 ← 요건
   (1) 장부등 없거나 미비
   (2) 기장허위 By.시가 등
   (3) 기장허위 By.조업상황 등

2. 효과
   (1) 사업소득 추계
   (2) 영업 외 손익 가산   } 추계결정시 불이익
   (3) 세무조정 및 소득처분

   추계 과세표준           10억 ⊖ 10억 × 30%
   (법인세 차감 전 순이익)    ∅
   대표자 인정상여          7억


※. 추계결정시 불이익   상·이·외·간·조·감·무
   ─ 인정상여 소득처분
   ─ 이월결손금 공제 배제
   ─ 외국납부세액공제 배제
   ─ 간주임대료 계산
   ─ 조특법상 특례 배제
   ─ 감가상각 의제
   ─ 무기장 가산세

(물음3)
1. 세무조정

2. 세무조정 이유
  - 추계요건 충족(∵장부불비)
  - 기준경비율 30% 적용
  - 이월결손금(1억) 공제 X
  - 대표자상여 소득처분(추계과세표준 ⊖ 당기순이익)
         7억           0


(물음4)
1. 세무조정

2. 세무조정 이유
  - 특수관계인 가지급금
  - 폐업으로 회수불능 확정 → 손금산입
  - 대표자상여 소득처분 → 익금산입

[문제18]

※. 비영리법인의 수익사업(7종) ─ 이윤추구 O
Ex) 연세우유, 건국우유  우유제조판매   ─ 이윤분배 X

- 과세소득의 종류 ─ ㉠업소득
  ─ ㉢융소득(이자소득, 배당소득)
  ─ ㈜식 등 양도소득
  ─ ㉠정자산 처분소득
  ─ ㉠타자산 양도소득
  ─ ㉠동산에 관한 권리 등 양도소득
  ─ ㈜권매매차익

- 비영리법인의 사업      법인세과세
  ┌ 수익사업(7종) : O / 과세특례
  └ 고유목적사업 : X

※. 손금산입한도액 공식
1. 이자·배당소득 ⊗ 100%
2. 수익사업소득 ⊖ ┌ 이자·배당소득      ⊗ 50%(80%, 100%)
              ├ 특례기부금 손금산입액   공익법인 일정요건 충족시
              └ 이월결손금

※. 상계방법
먼저 계상한 준비금부터 순차적사용

\* 준비금의 환입(사후관리) → 익금산입

　1. 해산(법인소멸O)　　　　　　　┐
　2. 승인취소 or 거주자변경(법인소멸O)　├── 비영리법인소멸(1,2)　해취거
　3. 고유목적사업폐지(법인소멸X)　 ├── 고유목적사업폐지(3)　　폐
　4. 손금계상 사업연도종료일 5년내 미사용 ┤
　5. 5년내 스스로 환입　　　　　　　├── 준비금 5년내 미사용(4,5,6) 미스외
　6. 고유목적사업 외 용도로 지출　　┘

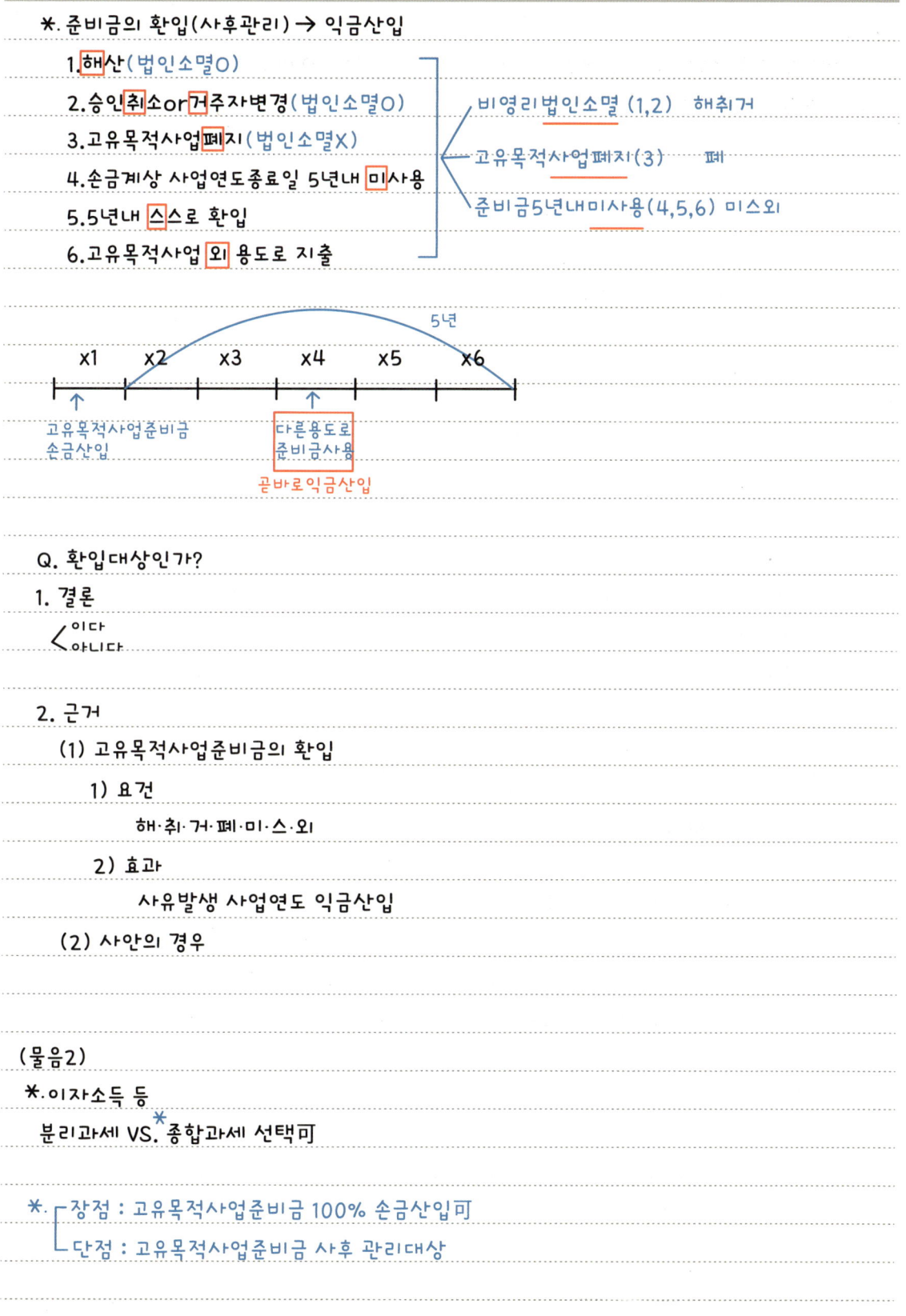

Q. 환입대상인가?
1. 결론
　< 이다
　  아니다

2. 근거
　(1) 고유목적사업준비금의 환입
　　1) 요건
　　　해·취·거·폐·미·스·외
　　2) 효과
　　　사유발생 사업연도 익금산입
　(2) 사안의 경우


(물음2)
\* 이자소득 등
　분리과세 vs. 종합과세 선택可

\* ┌ 장점: 고유목적사업준비금 100% 손금산입可
　└ 단점: 고유목적사업준비금 사후 관리대상

(물음3)

IF. 3년이상 고유목적사업 사용하던 고정자산 처분시 양도차익 → 비과세

1. 자산양도소득 과세특례 입법취지
   : 거주자에 준하여 양도소득계산하여 법인세납부

   사업소득없는
   (1) 비영리법인 법인세부담 ≒ 거주자 자산양도소득

   사업소득없는
   (2) 비영리법인의 납세순응능력 고려하여 ┌ Not. 복잡한 법인세 계산방식 ┐ 선택
       (조세협력능력)                    └ But. 간편한 양도소득세 계산방식 ┘ 가능

   ```
        2022        2023
   ──────┼───────────┼─────
         ↑           ↑
   자산양도소득    부동산임대업
     발생           개시
   ```
   조세협력능력: 낮다      높다


2. 과세특례 적용 여부

   (1) 결론
       가능하다

   (2) 근거
       1) 양도소득세 과세특례
          ① 요건
             (i) 수익사업 영위 X
             (ii) 자산 양도소득 발생
          ② 효과
             거주자의 양도소득세 계산방식에 따라 과세 선택 가능

       2) 사안의 경우
          양도당시 기준 수익사업 개시 X
          → 조세순응능력이 낮으므로 과세특례 적용 O


(물음4)

1. 취지
   미실현이익의 실현

2. 잔여재산가액 → 처분가액(시가)

[문제19]

＊. 국내원천소득 中 유가증권양도소득 과세

1. 외국법인

| 국내사업장 | 유가증권 | |
|---|---|---|
| | 주식or출자지분 | 기타유가증권 |
| O | 모두 과세 ∵순자산 증가 | |
| X | ┌ 비상장 (부동산주식제외) <br> └ 상장 ┌ 5년內 ┐ 만 <br>     ∵대주주 └ 25%↑ ┘ | 양수인 <br> ─ 내국법인or거주자 <br> ─ 외국법인or비거주자 국내사업장 존재 <br>   ∵납세협력 기대O |

2. 비거주자

| 국내사업장 | 유가증권 | |
|---|---|---|
| | 주식or출자지분 | 기타유가증권 |
| O | ┌ 비상장 (부동산주식제외) <br> └ 상장 ┌ 5년內 ┐ 만 <br>        └ 25%↑ ┘ | 과세 |
| X | | 양수인 <br> ─ 내국법인or거주자 <br> ─ 외국법인or비거주자 국내사업장 존재 |

(물음1)

2. 납세의무

(1) A가 외국법인

있다.

(2) A가 비거주자

없다.

(물음2)

1. 원천징수특례

   (1) 원천징수 세율

   (2) 수입금액 산정

2. 신고·납부특례

∗ 분리과세원칙 / 양수인이 국내사업장 없는 외국법인

```
           양도
    Ⓐ  ──────→  Ⓑ
        ←──────
         대가지급
    양도인            양수인
  국내사업장      원천징수세액     국내사업장
  없는외국법인    차감후         없는외국법인
                기대할수없다
     ↓
   자진하여
  원천징수세액
   상당액납부
```

(물음3)

1. 외국법인의 국내사업장

(1) 본래의 국내사업장

   사업의 전부 또는 일부를 수행하는 고정된 장소

(2) 의제국내사업장

   ┌ 본래의 국내사업장 X
   └ 종속대리인 O ┌ 계약체결권한 or 중요한 의사결정
                 &
                 └ 반복적행사

2. 국내사업장 유무에 따른 과세차이

|  |  | 사업장 |  |
|---|---|---|---|
|  |  | 유 | 무 |
| 국내원천소득 | 사업소득 | 9/19/21/24%<br>누진세율 적용 | 2%<br>단일세율 |
|  | 유가증권양도소득 | 모두 | 제한 |
|  | 과세방법 | 종합과세 | 분리과세 |

(물음4)

1. 甲법인의 경우
   (1) 세무조정 및 소득처분
      부당행위계산부인에 따른 소득금액 재계산
      〈익금산입〉 부당행위 1억원(기타소득)
   (2) 법인세 경정
      1억원 익금산입에 따른 법인세 추납
   (3) 원천징수
      20% 원천징수세율 적용

2. A 외국법인의 경우(귀속자)
   분리과세 대상 기타소득만 존재하므로 추가신고납부의무 없다.

[문제20]

(물음1)

- Not 예비·보조
- But 본질·중요
→ 사업상 고정된 장소

※. 국내사업장 의제

1. 요건

& { (1) 국내에 고정된 장소 X
  (2) 법령이정하는자의 존재
      key-man
      1) 계약체결권한 반복 ⎫ 행사
      2) 중요한역할 반복  ⎭

2. 효과

법령이 정하는 자의 사업장 등을 외국법인의 국내사업장으로 의제한다.


※. 외국법인 국내사업장 포함 여부

```
A외국법인 ── 특수관계 ── A'외국법인
   │                       │
특정활동장소              국내사업장
```

( 상호보완적
  &
  특정활동장소가 보조적 X )

→ [ Not only A'의 국내사업장
    But also A의 특정활동장소 ] 국내사업장 포함

Q. A 외국법인의 국내사업장이 존재하는가?

1. 결론

2. 근거

   (1) 외국법인의 국내사업장

      1) 본래 국내사업장

      2) 의제 국내사업장

   (2) 사안의 경우

      ┌ 특수관계인 A'의 국내사업장이 존재
      └ 해당 A의 특정활동장소가 A의 사업장과 상호보완적이고,
        A의 특정활동장소가 예비적·보조적인 역할에 국한되지 않는다면
        A도 국내사업장이 존재한다고 본다.


(물음2)

✱. 증명서류수취불성실 / 가산세
           요건    효과

1. 요건

   (1) 거래 건당 금액 3만원 초과

   (2) 적격증명서류 미수취

      1) 세금계산서      : 사업자로부터 수취

      2) 계산서          : 농어민으로부터 수취

      3) 신용카드 매출전표 : 접대비는 법인명의 카드만

      4) 현금영수증     : 사업자 지출증빙

2. 효과

   (1) 가산세 부과

      1) 손금산입이 인정되는 경우

      2) 세율 2%

      3) 산출세액이 없더라도 인정

   (2) 효과 배제

      1) 손금불산입 접대비에는 적용 X

          시부인대상, 한도초과

      2) 적격증명서류 수취의무 제외

          ① ~ ⑥

(물음3)

甲주식회사 →해외판촉비→ 카지노고객
         ↓
       판매부대비용처리
       (전액손비처리)

1. 결론
    접대비에 해당

2. 근거
    (1) 판매부대비용과 접대비의 구분
        1) 판매부대비용
            ① 요건 : 상대방 / 목적
            ② 효과 : 한도
        2) 접대비
            ① 요건 : 상대방 / 목적
            ② 효과 : 한도
    (2) 사안의 경우
        ┌ 지급기준 X
        └ 인과관계 X


(물음4)

|  | 국내 → | 법인격 | 성격 | 국내원천소득 |
|---|---|---|---|---|
| ＊. 외국법인 (A) ┌ 자회사(B) | | O | 내국법인 | B : 법인세<br>A : 배당소득세 (배) |
| └ 지점(B) | | X | 외국법인의<br>국내사업장 | A : 외국법인의 국내원천소득법인세 (사)<br>지점세신설 |


＊. 지점세 과세요건
    ┌ 과세대상 : 외국법인 국내지점 사업소득      ⇒ 조세조약에서
    ├ 납세의무자 : 영리외국법인                     달리정한경우
    ├ 과세표준 : 산식                                  그에 의한다.
    └ 세율 : 20%

# 03

# 소득세법

[문제1]

(물음1)

※. 답안목차

1. 개념
   (1) 거주자
   (2) 비거주자
2. 과세소득의 범위
   (1) 거주자
   (2) 비거주자

← 이러한 목차는 비교방식의 서술인 경우
" 주제별로 대상을 비교한다 "

| 1. 거주자 | 2. 비거주자 |
|---|---|
| (1) 개념 | (1) 개념 |
| ┌ 주소<br>└ 183일↑ 이상 거소 | 거주자 아닌자 |
| (2) 과세소득의 범위 | (2) 과세소득의 범위 |
| 1) 국내·외 모든 원천소득 | 1) 국내 원천소득 |
| 2) 외국인 단기거주자 특례 | 2) 열거 |
| ① 요건 ┌ 5년↓ / 10년내<br>         └ 외국인 | |
| ② 효과 ┌ 국내원천소득<br>         └ 국외원천소득 中 국내 [지급/송금 | |

| 비거주자 | 외국법인 |
|---|---|
| 이/배/부/선/사 | |
| 인/양/료 | |
| 유/기 | |
| 근/퇴/연 | ／ |

(물음2)

1. ⓑ → ⓖ 시기

   국내 ＜ 주소<br>       183일 이상 거소 ) 그날

2. 과세소득의 범위

   (1) 원칙

      1) 비거주자인 기간

         국내 원천소득

      2) 거주자인 기간

         국내외 원천소득

(2) 외국인 단기 거주자 특례
  1) 요건
    - 5년↓ / 10년 내
    - 외국인
  2) 효과
    - 국내원천소득
    - 국외원천소득 中 국내 [지급 / 송금]

3. 과세방법
(1) 원칙
  합산과세
(2) 국외자산양도소득
  국내 5년 미만 거주시 국외자산 양도소득세 과세X
  5년이상 거주 ┌ O  양도소득 분류과세
              └ X  비과세

(물음3)

1. ㉠ → ㉡ 시기

┌ ㉠ ↑ ㉡ ┐          ┌ ㉡ ↑ ㉠ ┐
  국외이전출국        그날
  or
  국내주소상실        다음날

2. 국내·외 원천소득 | 국내원천소득      국내원천소득 | 국내·외 원천소득
   1. 출국시 과세    2. 합산과세                     ↑ 합산과세
                   3. (기납부세액공제)              외국인 단기거주자 특례

[문제2]

※. 사안의 해결 ← 사안포섭을 풍성하게

- 등장인물
- 날짜        } 구체적으로 기재
- 금액

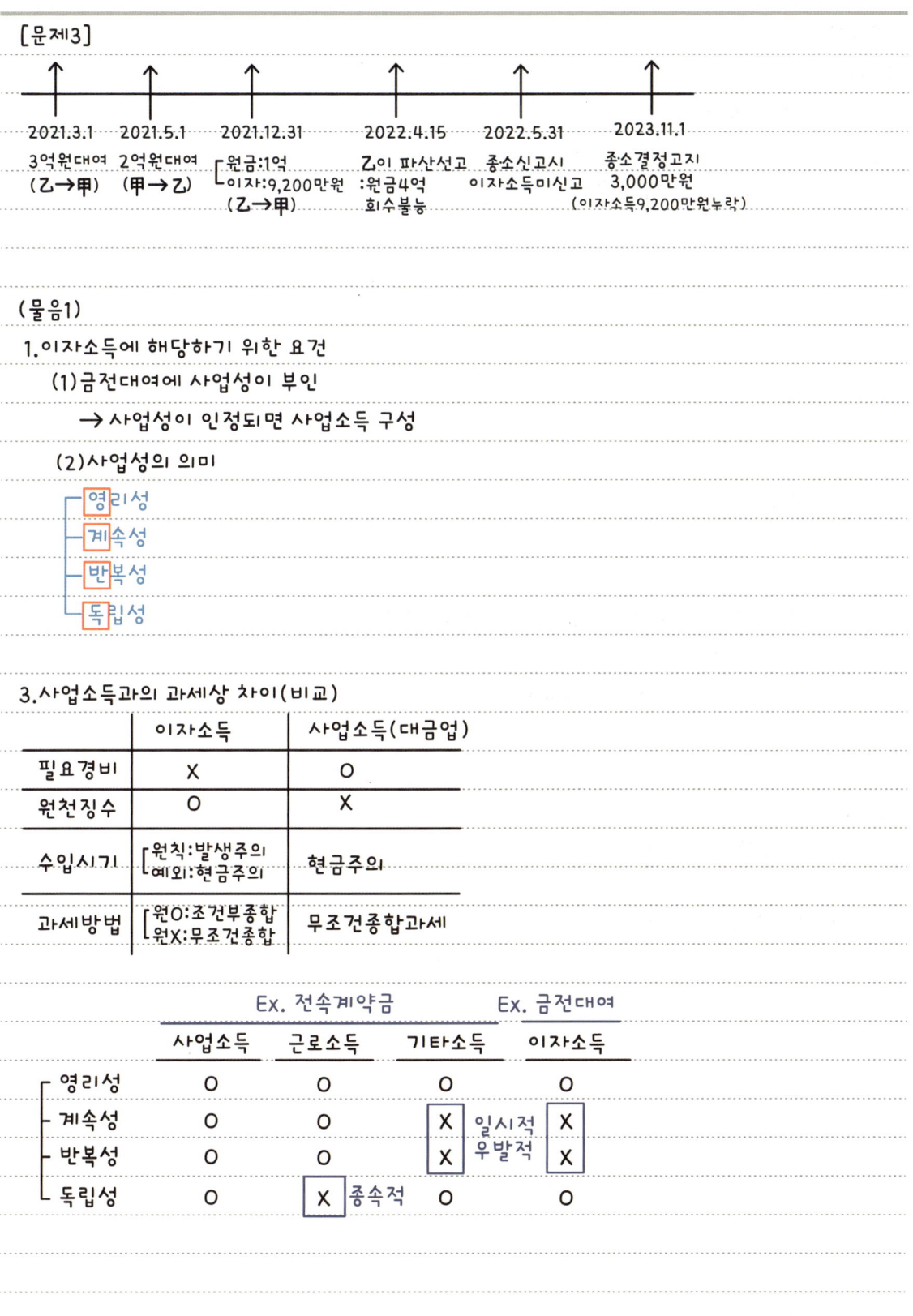

(물음2)

1. 결론

　당해처분은 위법하다.

2. 근거

　(1) 비영업대금이익 총수입금액 산정특례

　　1) 취지

　　　이자소득의 발생여부는 원금의 회수가능성을 전제로 판단하여야한다.

　　2) 내용

　　　① 요건
　　　　- 과세표준 확정신고 전
　　　　- 회수불능사유 발생

　　　② 효과
　　　　이자수취금액은 원금부터 차감

　(2) 사안의 경우

　　- 이자조로 받은 9,200만원은 남아있는 원금4억 회수에 부족
　　- 원금회수로 판단

　　→ 이자소득 발생을 이유로 한 과세처분은 위법


※ 회수불능사유 발생시 : 기지급받은 이자가 원금에도 미치지 못하는 경우

　과세표준 확정신고　㋐ 전 : 원금부터 차감
　　　　or
　(소득세경정·결정)　㋑ 후 : 후발적 경정청구

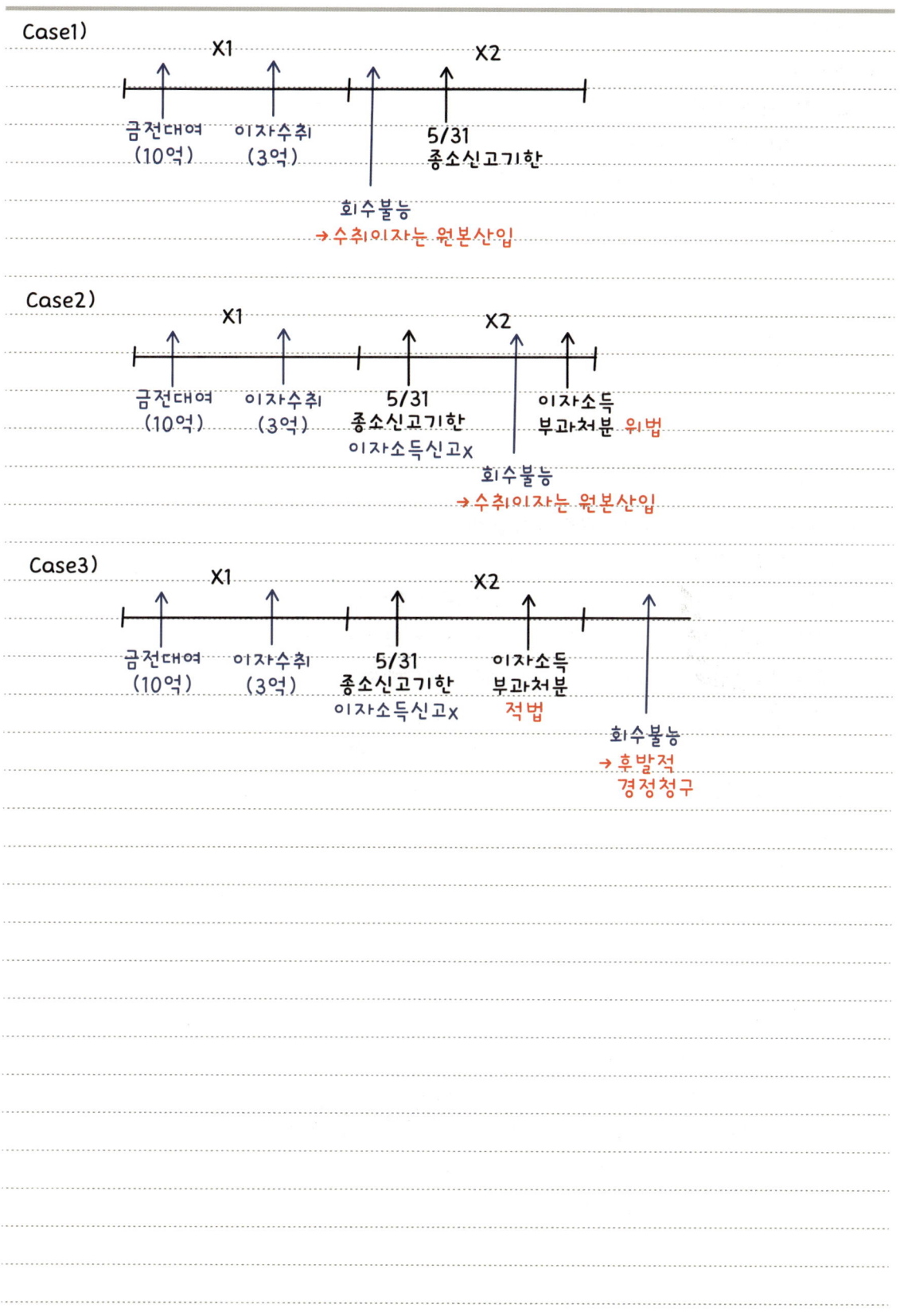

[문제4]
(물음1)
1. 이자소득의 개념
   (1) 열거주의 (1호~11호) ⎤
   (2) 유형별 포괄주의 (12호) ⎦ 금전사용의 대가
   (3) (1),(2)에 파생상품이 결합 (13호) Ex) 엔화스왑

2. 배당소득의 개념
   (1) 열거주의 (1호~8호) ⎤
   (2) 유형별 포괄주의 (9호) ⎦ 수익분배성격
   (3) (1),(2)에 파생상품이 결합 (10호)

(물음2) 비교설명문제 → 주제별로 대상을 비교한다.

| 1. 소득의 발생원인 | ~~1. 이자소득~~ |
|---|---|
| (1) 이자소득 | ~~(1) 소득의 발생원인~~ |
| (2) 배당소득 | ~~(2) 원칙적인 수입시기~~ |
| 2. 원칙적인 수입시기 | ~~(3) 이중과세조정~~ |
| (1) 이자소득 | ~~2. 배당소득~~ |
| (2) 배당소득 | ~~(1) 소득의 발생원인~~ |
| 3. 이중과세조정 | ~~(2) 원칙적인 수입시기~~ |
| (1) 이자소득 | ~~(3) 이중과세조정~~ |
| (2) 배당소득 | |

(물음3)

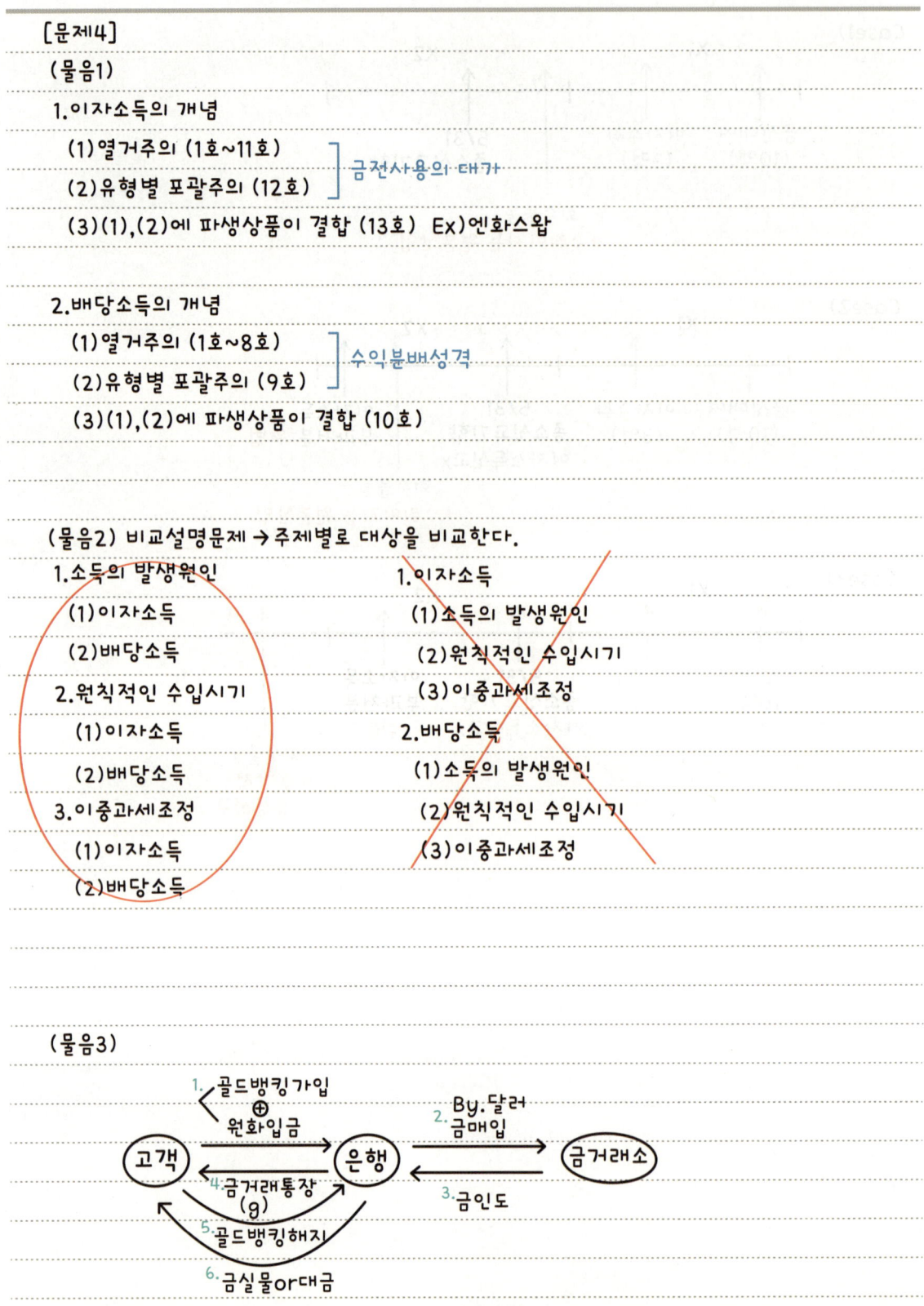

## 1. 5호에 따른 과세여부

### (1) 결론
집합투자기구로부터의 이익에 해당하지 않는다.

### (2) 근거

1) 집합투자기구로부터의 이익
- Fund의 운용에 따른 수익 (5호 → 9호) 열거 유사
- 운용주체는 집합투자기구이어야한다.

2) 사안의 경우
- 운용주체는 [Not 은행 But 고객] ∵ 골드뱅킹 해지시점은 고객이 결정
- 집합투자기구로부터의 이익 X

## 2. 5호의 2에 따른 과세여부

### (1) 결론
파생결합증권 등으로부터의 이익에 해당하여 배당소득 과세 가능

### (2) 근거

1) 파생결합증권등으로부터의 이익
자본시장법상 파생결합증권에 해당하여야한다.

| 소득세법 | → | 소득세법시행령 | → | 자본시장법 |

- 소득세법: 대통령령으로 정하는 파생결합증권으로부터의 이익
- 소득세법시행령: 자본시장법상 파생결합증권
- 자본시장법: 기초자산 가격 변동이익 / 사전에 약정 / 기초자산에 광물 포함

2) 사안의 경우
- 골드뱅킹은 자본시장법상 파생결합증권에 해당
- 골드뱅킹 해지시, 금 시세차익은 파생결합증권등으로부터의 이익
  → 배당소득으로 과세 가능

[문제5]

(물음1)

✱. 출자공동사업자에 대한 과세

1. 요건

　(1) 경영참여 X

　(2) 이름·상호 공동사업 사용 X

　(3) 무한책임 X

2. 효과

　(1) 출자공동사업자 배당소득

　　┌ Not, 사업소득
　　└ But, 배당소득

　(2) 배당소득

　　1) 무조건 종합과세

　　2) 종합소득 합산과세 기준금액 포함X

(물음2)

✱. 공동사업 합산과세

1. 의의

　(1) 개념

　　　요건 – 효과

　(2) 취지

　　　소득세의 누진부담 회피 방지

2. 요건

　(1) 공동사업자 간 특수관계인 ← 객관적

　　&┌ 1) 친·제·영
　　 └ 2) 생계를 같이 하는 자

　(2) 조세회피 ← 주관적

　　1) 조세회피목적 존재

　　2) 신고한 손익분배비율이 사실과 현저하게 상이

　(3) 주된공동사업자 판단

　　　손·외·직·신·정 의 순서

3. 효과

　(1) 주된 공동사업자

　　　합산과세 (초과누진세율 적용)

　(2) 특수관계인

　　　손익분배비율 한도로 연대납세의무

[문제6]
(물음1)
1. 결론
    2023년도 귀속 사업소득 인식 X
2. 근거
                                    (3)사안의 경우
(1) 사업소득의 수입시기     → 2022년도 소득여지 O (∵인적용역 제공)
    Fast [ 대가를 받기로 한 날, 용역제공 완료일 ]
    if not. 확정 → 선수금 (부채)
(2) 권리의무 확정주의        → 판결확정안되어, 권리확정 안되었다.

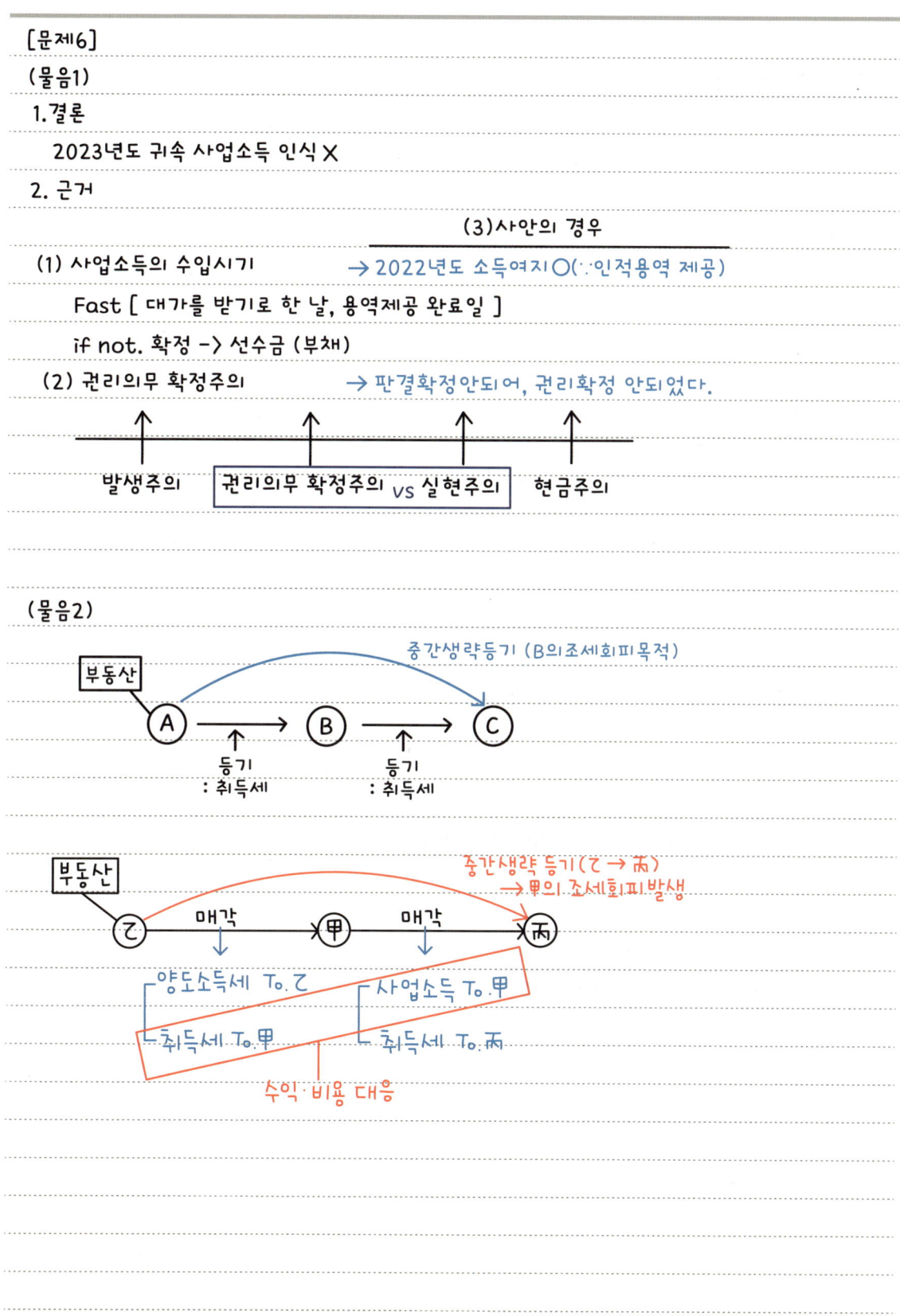

(물음2)

1. 결론
    2023년도 필요경비 해당
2. 근거
                        (3)사안의 경우
    (1) 권리의무 확정주의 → 2023년에 필요경비 확정
    (2) 수익비용 대응원칙 → 2018년도 필요경비 여지 ○

(물음3-1)
Case 1)

지급이자: 필요경비인정 X

금전대출  부동산취득  현물출자  사업개시

공동사업관계 형성    동업관계형성
이전의 채무

Case 2)

지급이자: 필요경비인정 ○

출자    금전대출  부동산취득  사업개시
적은금액
동업관계형성    공동사업관계형성
                이후의 채무

※ 공동사업 관련한 대출금 이자의 필요경비 인정여부
1. 출자 위해 금전 대출한 경우
    개인적 채무부담 → 필요경비 X
2. 출자 이후 금전 대출한 경우
    공동사업관계의 채무 → 필요경비 ○

**✽.**

1. 결론

    필요경비를 인정할 수 없다.

2. 근거

    (1) 공동사업관련 대출금이자 필요경비 인정 여부

        1) 출자를 위하여 금전을 대출하는 경우

        2) 출자 이후 금전을 대출하는 경우

    (2) 사안의 경우

[문제7]
(물음2)
2. 주택분 간주임대료
　　(1) 적용되는 경우　　　　　　(2) 배제되는 경우

　　┌ ③주택 이상 소유　　　　　　┌ 1호당 40m² 이하
　　└ 보증금합계액 3억원 초과　　 └ 기준시가 2억이하 주택　 & 

　　1) 원칙
　　2) 추계시

※. 주택의 간주임대료 (소득세 vs. 법인세)

| | 소득세 | 법인세 |
|---|---|---|
| 적용대상 | ┌ 비소형주택<br>├ 3주택 이상<br>└ 보증금 3억 초과 | 추계과세의 경우에만 |
| 적용제외 | 소형주택 (면적 40m 이하<br>& 기준시가 2억원 이하)<br>*취지: 서민의 주거생활 안정 | |

(물음3)
1. 결론
　　甲의 스톡옵션 행사이익은 근로소득에 해당하므로
　　甲에 대한 기타소득 과세처분은 적법하지 않다

2. 근거
　　(1) 스톡옵션 행사에 따른 이익 과세
　　　1) 근로소득으로 과세하는 경우
　　　　① 요건
　　　　　　(i) 해당 회사 또는 특수관계있는 법인의 임직원
　　　　　& (ii) 근무기간 중 행사
　　　　② 효과 : 근로소득으로 과세.
　　　　　　　다만, 벤처기업 연간 2억원, 누적 5억원 한도 내 비과세

2) 기타소득으로 과세하는 경우
　① 요건
　or $\begin{cases} \text{(i) 고용관계 없이 행사하는 경우} \\ \text{(ii) 퇴직 후 행사} \end{cases}$
　② 효과 : 기타소득으로 과세.
　　　　다만, 벤처기업 연간 2억원, 누적 5억원 한도 내 비과세
(2) 사안의 경우
　$\begin{cases} \text{A회사-B회사는 모자관계로서 특수관계} \\ \text{퇴직 전 행사} \end{cases}$ ⇒ 근로소득으로 평가

(물음4)

```
         X1        X2
    ├────┬──┬──┬────┤
        ↑   ↑  ↑
     소득지급 12/31 5/31
```
: 원천징수 : 연말정산 : 확정신고

[문제8]
(물음1)
1. 결론
　　당해 위법소득 ─┬─ 기타소득으로서 과세대상 ○
　　　　　　　　　 └─ 몰수되었으므로 과세불가

2. 근거
　(1) 위법소득에 대한 과세
　　　1) 과세여부
　　　　　담세력 ○ → 기타소득
　　　2) 몰수된 경우
　　　　　담세력 상실 → 과세 ✕
　(2) 사안의 경우
　　　┌ 경제적이익 상실가능성 현실화
　　　└ ⊕ 이미 과세되었다면 : 후발적 경정청구 대상


*위법소득 과세
　┌ 뇌물 등 → 기타소득 열거 → 과세 (소득원천설)
　└ 횡령 → 사외유출 → 귀속자에 대한 소득처분 ┬ 상여 → 근로소득
　　　　　　　　　　　　　　　　　　　　　　　├ 배당 → 금융소득
　　　　　　　　　　　　　　　　　　　　　　　└ 기타소득 → 기타소득


(물음2-1)
＊. 부동산 임대사업소득
1. 부동산 OR 부동산 상의 권리 대여
　　다만, 공익사업 관련 〈지상권 / 지역권〉의 경우 기타소득

2. 공장재단 OR 광업재단 대여

3. 채굴에 관한 권리 대여
　　다만, ┌ 광업권자
　　　　　├ 자본적·수익적 지출　〉 일반사업소득
　　　　　└ 분철료

✱. 부동산 임대소득과 타소득간 결손금 통산 제외 이유

　총수입금액 ↓　(임대료 줄이고, 보증금 늘리고)
　(−)필요경비 ↑　(실제지출비용 ⊕ 감가상각비)
　─────────
　소득금액 ↓　결손금 ← 가공손실

(물음2-2)

　송전탑설치: 한전-토지 소유주간 지상권 설정
　　↑공익사업　　　↑ NOT 부동산임대소득
　　　　　　　　　　BUT 기타소득
　토지

✱. 지상권 설정
　┌ 원칙: 부동산 상의 권리 대여로서 임대사업소득
　└ 공익사업 관련: 기타소득


(물음3)
✱. 소득세법상 양도소득세 과세대상자산

　┌ 부동산 (토지 및 건물)
　├ 부동산에 관한 권리
　├ 기타 자산 (특정주식 A. B, 특정시설물이용권, 고정자산과 함께 양도하는 영업권, 부동산과 함께 양도하는 이축권)
　├ 주식 또는 출자지분
　├ 파생상품
　└ 신탁수익권


건설기계
　　　양도
　甲 ⇄ 乙 특수관계자
　　대가지급

(물음3-1) 특수관계인에게 저가양도

1. 甲의 과세문제
　(1) 결론
　　없다.

(2) 근거

    1) 사업소득 과세여부

        복식부기의무자가 아니므로, 사업소득 X

    2) 양도소득 과세여부

        과세대상자산 X

    3) 증여자의 연대납세의무 여부

        이익의 증여 → 연대납세의무 X

    4) 소결

        아무런 과세문제 없으므로, 부당행위계산부인도 논의 X

2. 乙의 과세문제

  (1) 결론

    증여세 과세

  (2) 근거

    ┌ 특수관계인으로부터 저가양수
    └ 증여재산가액 : 1.5억

    |시가 − 대가| − min[시가30%, 3억]

*부계부 적용 가능성

( 건설기계 ↓ 양도소득세 과세대상자산 아님 ↓ 양도소득 부계부 적용 X )

(물음3-2) 특수관계인에게 고가양도

1. 甲의 과세문제

  (1) 결론

    증여세 과세

  (2) 근거

    ┌ 특수관계인에게 고가양도
    └ 증여재산가액 : 2.4억

2. 乙의 과세문제
  (1) 결론
     없다.
  (2) 근거
     증여자의 연대납세의무도 문제 X
        ← 보험금 증여
          신탁이익의 증여


(물음4)
1. 소득금액계산 원칙
   ┌ 피상속인에 대한 소득세(상속인 승계) ┐ 구분계산
   └ 상속인에 대한 소득세              ┘ (합산하여 초과누진세율 적용X)

2. 특례 - 연금계좌 가입자가 사망한 경우
   (1) 원칙
      피상속인의 소득세
   (2) 배우자 상속시 과세특례
      상속인의 소득금액으로 보아 소득세
      (연금외 수령이 없는 경우)

[문제9]

✶. 종교인소득 개념
- 종교관련 종사자
- 종교활동 관련
- 종교단체로부터 받는 소득

(물음3)
1. 원천징수 — 선택
  - O : 지급하는자가 "종교인소득 간이세액표" 따라
  - X : 지급받는자가 확정신고

2. 연말정산 ┌ 사업소득 연말정산 규정 준용
          └ 다음연도 2월분 지급시

3. 확정신고 ┌ (1) 원칙 : 종합과세 / 다만, 원천징수되는 종교인소득만 있는경우 확정신고 불필요
           └ (2) 선택적분리과세 : 기타소득 300만원이하 & 원천징수

✶. 비과세 근로소득    #. 학·식·출·연·외·실·발·보·복·기
                              中
                         사택제공이익
                         ─── : 비과세 종교인 소득

- 학자금
- 식사 or 식사대
- 출산 양육수당
- 연장근무수당
- 국외근무수당
- 실비 변상적 성격
- 직무발명보상금
- 법정보상금
- 복리후생적 성격
- 기타

[문제10]

(물음1)

✽.결손금

　총수입금액
　- 필요경비　IF. 필요경비 > 총수입금액
　─────
　　소득금액　→ 결손금

|  | 물음1<br>결손금 | 물음2<br>타소득공제 | 물음3<br>이월공제 |
|---|---|---|---|
| (사) 일반사업소득<br>　　주거용 임대사업소득 | O | O | O |
| 　　부동산 임대사업소득 | O | X<br>(∵가공손실우려←Dep,<br>　이자비용) | O<br>(부동산임대소득한정) |
| (기) | O | X |  |


(물음2)

✽.부동산 임대사업 (가공손실의 가능성↑)

　총수입금액↓ : 보증금 늘리고 임대료 줄이고
　- 필요경비 ↑ : 실제 지출비용 ⊕ 감가상각비
　─────　　　　　↑　　　　　　↑
　　총소득금액　　취득시 대출금에　　과다계상
　　　　　　　　　대한 지급이자


✽.결손금 소급공제　< 소득세　중·사·확·신·납
　　　　　　　　　　　법인세　중·확·신·납

　├ 중소기업
　├ 사업소득 결손금
　├ 당해·직전 사업연도 확정신고
　├ 환급신청
　└ 직전연도 사업소득 납부세액 한도

(물음3)

✱.이월결손금 공제

```
이월결손금    ──공제──→   소득금액
일반사업      ╲  ╱         일반사업
             ╳
부동산 임대업  ╱  ╲         부동산 임대업
```
(∵가공손실 가능성 O)


(물음4)

✱.금융소득결손금 공제방법

| | 결손금 공제 | 취지 |
|---|---|---|
| 분리과세 (원천징수세율) 14% | X | 과세형평상 |
| 종합과세 ┌ 원천징수세율 14% | X | :분리과세의 경우와의 과세형평 |
| └ 기본세율 (6~45%) — 2천만원 초과 | O (선택가능) | :세액감소는 없으면서 결손금만 소멸하는 경우 발생가능 |

[문제11]
(물음1)
✱. 공동사업 합산과세
1. 의의
　(1) 개념
　(2) 취지 : 초과누진세율 적용 회피 방지
2. 요건
　(1) 특수관계인
　　& { 1) 친/제/영
　　　　2) 생계를 같이 하는 자
　(2) 사유
　　　손익분배비율 거짓
　(3) 주된공동사업자 판정
　　　손/외/직/신/정 → 순서대로 판단
3. 효과
　(1) 주된사업자
　　　합산하여 과세 (초과누진세율)
　(2) 특수관계인
　　　손익분배비율만큼 연대납세의무


(물음2)
1. 결론
2. 근거
　(1) 접대비 한도
　　　1) 산식
　　　　　접대비 한도액 : ① + ②
　　　　　　① 기본한도
　　　　　　② 수입금액 기준 한도
　　　2) 2개 이상 사업장이 있는 경우
　　　　　① 요건: 각 사업장별 구분경리
　　　　　② 효과: 각 사업장별 접대비 한도 계산
　(2) 사안의 경우

[문제12]

✱ 소득세법상 부당행위계산 부인
  └ 종합소득에 대한

1. 의의
   (1) 개념
   (2) 취지 : 조세회피방지

2. 요건
   (1) 당사자요건
      1) 행위자 ┌ 출자공동사업자 배당소득 ┐
               ├ 사업소득              ├ 이 있는자
               └ 기타소득              ┘

      2) 상대방 : 특수관계인

      |  | 대상 | 사례 |
      |---|---|---|
      | ① 친족관계 | 개인 | 혈족, 인척, 배우자 |
      | ② 경제적 연관관계 | 개인, ~~법인~~ | 임원, 사용인 |
      | ③ 경영지배관계 | 개인, 법인 | 주주, 출자자 |

   (2) 객관적 요건
      1) 행위·계산 부당할 것
         경제적 합리성 유무
      2) 현저한 이익 분여
         |시가-거래가| ≧ min[시가5%, 3억원]
                              상     절

   (3) 결과적 요건
      1) 조세의 부당한 감소
      2) 조세회피목적 or 경제적손실 불필요

3. 효과
   (1) 소득금액 재계산
   (2) 상대방 대응조정 불가
   (3) 사법상 효력 영향 X

※. 현저한 이익의 분여 ┌ 고·수·차 / 저·도·대
　　　　　　　　　　├ 손·5·삼
　　　　　　　　　　└ 자·30·삼

1. 손익거래
   (1) 유형
   ┌ 고가양수·고가차용
   └ 저가양도·저가대여
   
   (2) 기준금액
   　　|시가⊖거래가| ≥ min [시가 5%, 3억원]

2. 자본거래
   　기준금액
   　　|시가⊖거래가| ≥ min [시가 30%, 3억원]

[문제13]

(물음1)

＊.기장세액공제

1.의의
  (1)개념
  (2)취지  복식부기

2.요건
  (1)간편장부 대상자
    1)소규모사업자
      ① 신규사업자
      ② 계속사업자
        직전과세기간 수입금액 4,800만원 미만
      ③ 연말정산대상 사업자
        ┌ 방문판매인
        ├ 음료배달업자
        └ 보험모집인
    2)소규모사업자外 사업자
      ① 신규사업자
      ② 계속사업자
        업종별로 직전 과세기간 수입금액
        ┌ 3억
        ├ 1.5억      ┐ 미만
        └ 7,500만원  ┘

  (2)복식부기이행
    1)복식부기에 따라 장부기장
    2)기업회계기준에 따라 재무제표등 제출

3.효과
  (1)기장세액공제
    min[산출세액 × $\frac{기장된종합소득}{종합소득}$ ⊗ 20%, 100만원]
  (2)세액공제 배제
    1)수입금액 20%이상 누락
    2)장부 5년간 보관X

| ※. | 기장의무 안하면→ 무기장가산세 | 복식부기의무 하면→ 기장세액공제 |
|---|---|---|---|
| ┌ 복식부기 | O(복식부기로서)O | O | X |
| └ 간편장부대상자 | | | |
| ↓ | | | |
| ┌ 소규모外 사업자 | O(간편장부로서)O | X | O |
| └ 소규모 사업자 | X          X | X | O |

(물음2)

※. 외국납부세액 이중과세 조정

| | 세액공제 | 필요경비·손금산입 |
|---|---|---|
| 거주자 | ○ | ┌ 사업소득의 경우 선택 可<br>└ 이월공제 초과분 可 |
| 법인 | ○ | ┌ 선택 不可<br>└ 이월공제 초과분 可 |

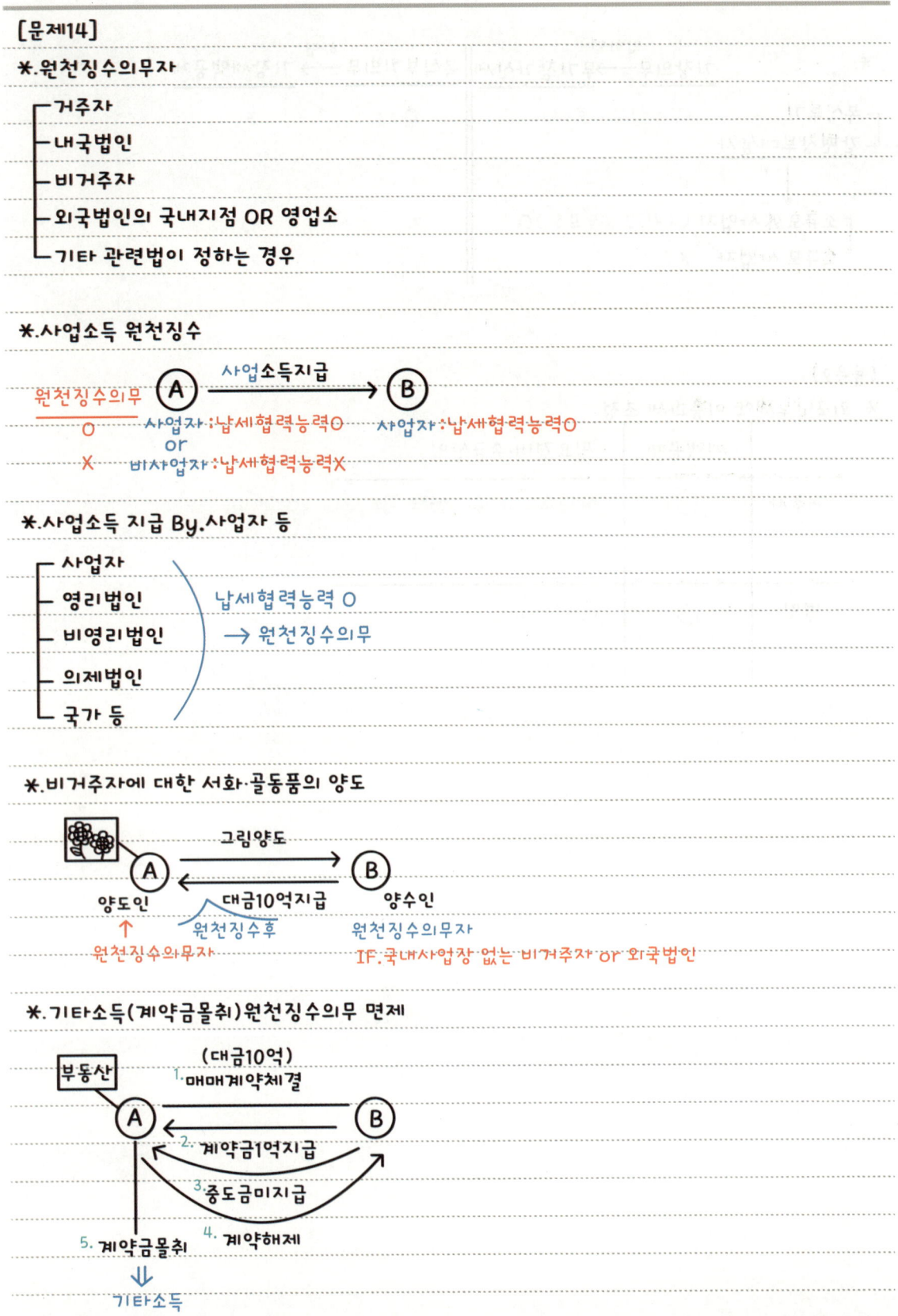

**※. 계약 위반시 원천징수의무**

| 상황 | 효과 | 지급시 원천징수의무 |
|---|---|---|
| 양수인 위반 | 계약금 몰취 | X |
| 양도인 위반 | 계약금 배액 상환 | O |

(물음2)
원천징수대상소득이 지급되지 않고,
해당소득에 대한 종합소득 신고후, 해당소득지급하는 경우

```
                2021.10.10
                1. 용역제공완료                2. : 보수채권확정
         Ⓐ ←――――――――― Ⓑ         → 소득발생 By 권리의무확정주의
           ――――――――――→                (2021년도)
                3. 보수미지급            4.
                   2021년              2021년 종·소신고(2021.5.31)
          5. 보수지급                   용역보수포함하여
  원천징수없이 (2022.6.10)
```

(물음3)

```
        ↑           ↑              ↑              ↑
     세무조사   소득금액변동통지  소득금액변동통지   종·소경정처분
                  To.A사           To.甲            To.甲
처분성:   O          O              X               O
              (∵원천징수의무발생) (∵안내장)        (∵부과처분)
```

```
                          다음다음달 말일
        ↑      ↑        ↑⌒⌒⌒⌒⌒⌒↑          ↑
     세무조사  소득처분  소득금액변동통지   종소 추납X    부과처분
                    To.[법인(1차)                    [본세
                       귀속자(2차)                    가산세
```

[문제15]

```
                    다음다음달 말일                    90일 內
              ┌──────────────────────┐              취소소송제기
         다음달 10일                                  By.귀속자
        ┌──────────┐                              ┌──────┐
   ↑    ↑          ↑          ↑         ↑
 2022.3  2022.6.15  2022.7.10  2022.8.31 → 다.미납  종합소득세  납입고지
 인정상여 소득금액변동통지  To.법인   To.귀속자           ⊕
 소득처분  To┌법인(1차적)  원천징수  종합소득           납부지연가산세
        └귀속자(2차적) 납부기한  자진신고납부기한
              90일내
              취소소송제기
              By.법인
```

※ 소득금액 변동통지

| 처분성<br>송달<br>상대방 | 법인 | 귀속자 |
|---|---|---|
| 법인 | O 원천징수의무<br>발생 | X 송달X |
| 귀속자 | X 송달X | X 안내장 |


(물음1)
1. 결론
   甲은 2022.8.31까지 2018년 귀속 종합소득세 추납하여야 한다.

2. 근거
   (1) 법인에 대한 소득금액 변동통지 효과
      1) 법인
         다음달 10일까지 원천징수 납부의무 발생
      2) 귀속자
         다음다음달 말일까지 종합소득세 자진신고납부기한 (납부의무확정X)
         → 납부하면 납부지연가산세 면제

(물음2)

1. A주식회사의 소득세 납세의무

   (1) 결론
   - 본세 : X
   - 가산세 : O

   (2) 근거

   1) 근로소득세의 경우

   甲에 대한 근로소득세 부과처분에 따라
   예납적 원천징수의무 소멸

   2) 가산세의 경우

   원천징수의무 불이행에 따른 가산세 부과

2. 甲에 대한 부과처분의 적법여부

   (1) 결론

   적법하다.

   (2) 근거

   1) 원천징수세액에 대한 법률관계

   　　　　　　　　원천납세의무자에게 부과

   ① 완납적 원천징수 :　不可

   ② 예납적 원천징수 :　可

   2) 사안의 경우
   - 근로소득 원천징수의무는 예납적 원천징수의무에 해당
   - 원천납세의무자인 甲에 대한 부과처분 가능

   ```
   ↑           ↑         2023    ↑              2024    ↑
   세무용역계약 체결  세무용역제공 완료      5/31           원천징수 없이
   甲 → 乙       원천징수 후 보수지급   乙 종합소득신고납부   보수지급
   회사  세무사         미지급        (미지급보수 포함)      甲 → 乙
   ```

(물음3)
1. 결론
　처분성이 없으므로 불복청구 대상 X

2. 근거
　(1) 소득금액 변동통지의 처분성
　　1) 국세기본법상 불복청구 대상
　　　국민의 권리·의무에 직접 영향 미치는 처분이어야 한다.
　　2) 소득금액 변동통지의 경우
　　　① 법인에 대한 경우
　　　　┌ 처분성 O
　　　　└ 원천징수의무 발생
　　　② 귀속자에 대한 경우
　　　　┌ 처분성 X
　　　　└ 법인에 송달불능시, 귀속자에 대한 안내장에 불과
　(2) 사안의 경우
　　甲에 대한 소득금액 변동통지는
　　종합소득세 자진신고납부 기회를 주기위한 안내장에 불과할뿐
　　甲의 납세의무 확정된바 없다.


(물음4)
1. 결론
　원천징수의무가 인정되지 않는다.
2. 근거
　(1) 법인에 대한 소득금액 변동통지 효과
　　통지서 받은날에 귀속자에 대한 지급 의제
　　→ 원천징수의무 발생
　(2) 사안의 경우
　　2022.6.15에 甲에게 상여를 지급한것으로 의제되는데
　　그 이전인 5.31에 사망하였으므로 지급 의제 인정 X
　　→ 원천징수의무 없다.

　　지급의제 → 근로소득 발생 X → 납세의무 X → 원천징수 X

[문제16]

※. 소득세 과세방법

- 종합소득 ─┬ 원칙 : 합산과세
            └ 정책적취지 : 분리과세

- 퇴직소득 ┐
- 양도소득 ┘ 분류과세 (∵결집효과완화)

2. 세법상 이연퇴직소득의 의미
   (과세를 이룬다.)

(1) 개념
  ┌ 퇴직소득에 대하여
  ├ 원천징수없이
  └ 연금계좌로 이체

(2) 취지
  퇴직소득 ┌ Not 일시금 ┐ 형태로 유도하여, 퇴직자의 노후생활보장
          └ But. 연금  ┘
                        ┌ 퇴직소득 : 고율
                        └ 연금소득 : 저율

3. 이연퇴직소득 인정요건

(1) 퇴직소득 ──지급당시──→ 연금계좌 : 원천징수 X

(2) 퇴직소득 일시금 받은 후 ──60일內──→ 연금계좌
           ↓                          ↓
        원천징수 O                원천징수세액환급

(물음2)

| ※. | | 향후인출 | 원천징수 | 세율 | 과세방식 |
|---|---|---|---|---|---|
| 이연퇴직소득 | 연금수령 | as. 연금소득 | 연금外 수령시 원천징수세율의 60% or 70% | 분리과세 |
| | 연금外수령 | as. 퇴직소득 | 3~5% | 분류과세 |

1. 연금수령 VS. 연금外수령 구분기준
   (1) 연금수령
      1) 연금요건
         ① 55세 이후
         ② 가입후 5년경과  다만, 이연퇴직소득에서는 요구X
         ③ 연간 연금수령 한도內
      2) 의료비 인출 → 본인의료비
      3) 부득이한 사유(5가지) ① 천재지변  ┌ 사망, 해외이주
                          ② 연금계좌 가입자 ├ 가족의료비
                          ③ 연금계좌 취급자 - 파산등  └ 파산, 회생
   (2) 연금 外 수령
      연금수령요건 갖추지 못한 경우


(물음3)
※. 퇴직으로 보지 않는 사유 → 과세문제발생X

   1. 퇴직사유요건                    2. 퇴직급여요건
      (1) 종업원 → 임원                  퇴직금이 지급되지 않을 것
      (2) 계열사 간 전출
      (3) 상근임원 → 비상근임원
      (4) 비정규직 → 정규직

[문제17]

취득가액:5천   6. 5천 반환
등기부  토지
乙→甲        1. 1억대여   5. 1억충당   3. 매각
소유권이전   乙 ←——— 甲 ———→ 丙
            양도담보설정자  2.양도담보  양도담보권자  4. 1억5천
                        ┌ 대내:담보
                        └ 대외:양도
            양도소득 To.乙(X)      양도소득 To.甲(X)
            ∴ 발생X              ∴ 발생 To.乙

(물음1-1)

※.양도의 개념
 1. 자산 : 부동산, 주식등  (부/부/기/주/파/신)
 2. 유상성 : 대가관계 ⟷ 무상이면 증여
 3. 사실상이전 : 등기·등록관계없이


※. 1. 금전출자

은행  1.인출   출자자  2. 10억출자  →  회사
                     3. 주식배정
                      (10억)

2. 현물출자

         부동산                              부동산
                3. 10억출자                         현물출자
제3자 ←1.매각— 출자자 —————→ 회사    vs.   출자자 ⇄ 회사
      2.대금    4.주식배정                  주식배정
      (10억)     (10억)                     (10억)
      양도차익발생                          양도차익발생
         ↓                                    ↓
       과세                                  과세


※. 환지처분

(A B C 원형) → (A C B 격자형)

\* 신탁재산 소유권이전

```
            소유권이전
부동산   신탁계약
    Ⓐ ─────────→ Ⓑ 수탁자
   위탁자  양도X
       │ 위탁자
       │ 지위이전
       ↓ 양도 O
       Ⓒ
```

<u>(4),(5),(6),(7)</u>

\*┌ 자산          O
 ├ 유상성        X
 └ 사실상이전    X


(물음1-2)

1. 양도담보의 개념

┌ 실질 : 채무담보
└ 형식 : 소유권이전

2. 양도로 보지 않기 위한 요건

계약서 사본을 제출

┌ (1) 금전대출약정(원금, 이율, 변제기) ┐
└ (2) 양도담보 의사표시              ┘ 기재된 계약서

3. 
```
  토지
   │
   乙 ─────→ 甲 ─────→ 丙
      양도담보    매각
        ↓         ↓
      과세X    과세O(To.乙)
```

(물음2)

＊.양도소득세

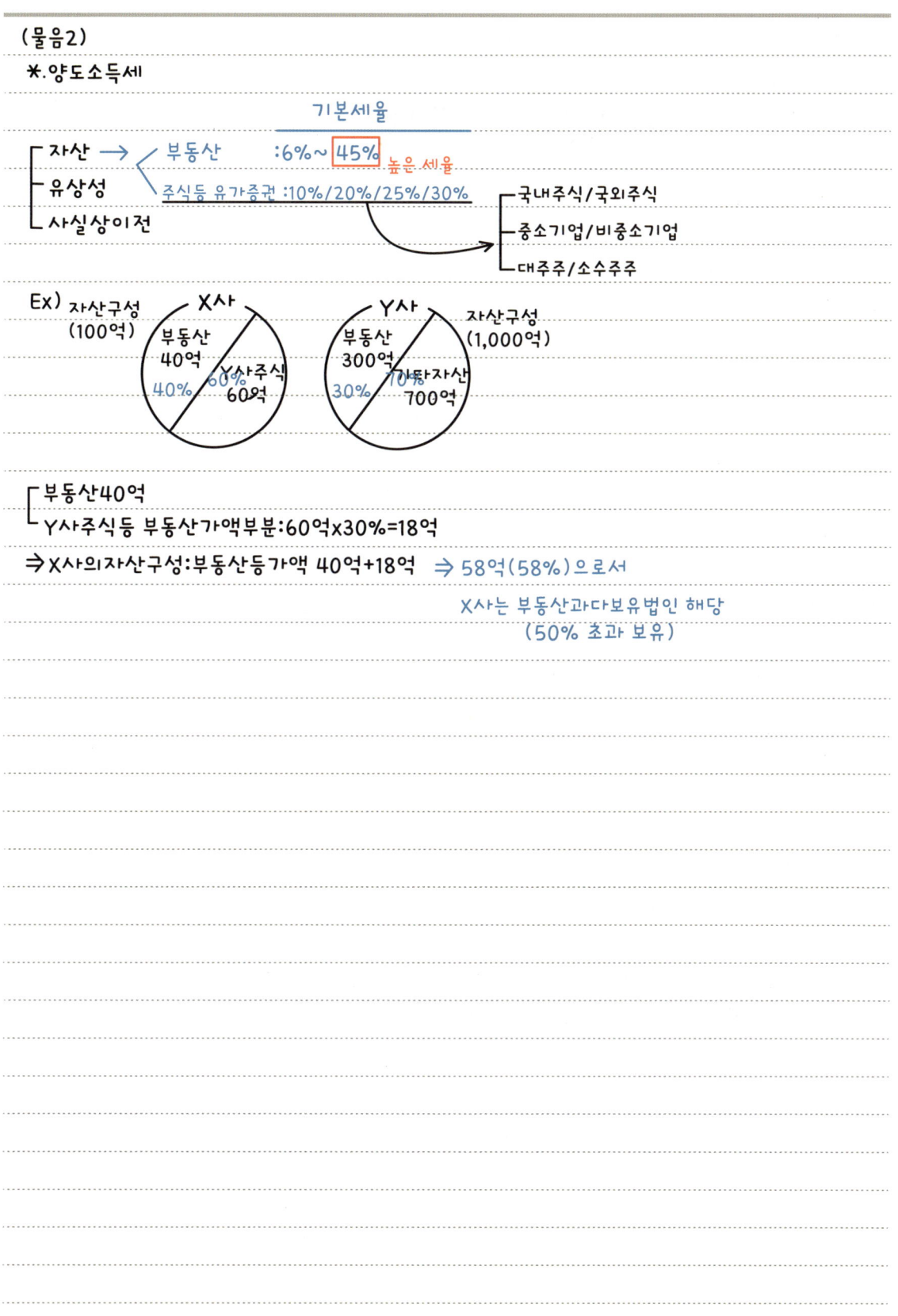

- 부동산 40억
- Y사 주식등 부동산가액부분: 60억 × 30% = 18억

⇒ X사의 자산구성: 부동산등가액 40억 + 18억 ⇒ 58억(58%)으로서
X사는 부동산과다보유법인 해당
(50% 초과 보유)

[문제18]

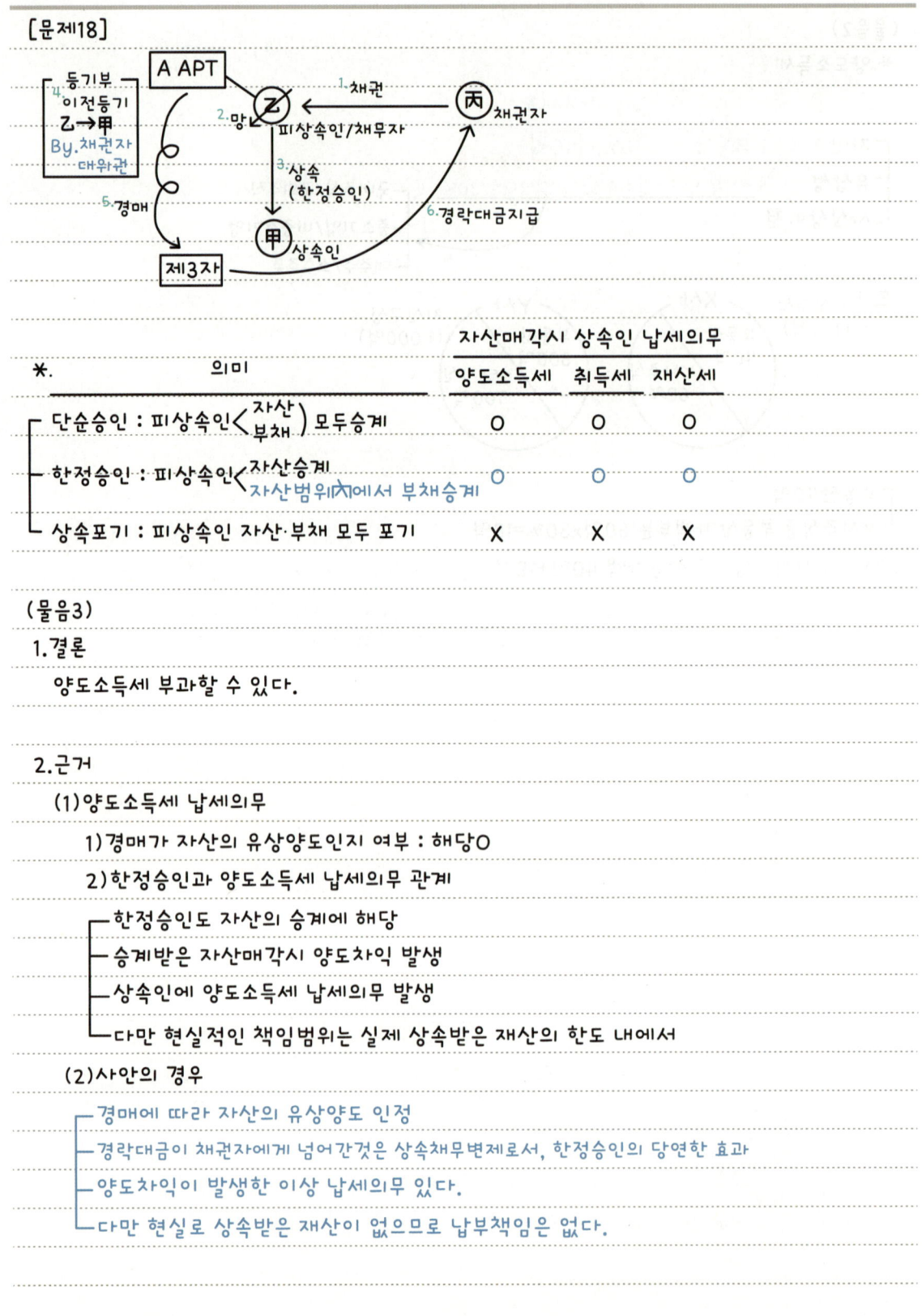

| *. | 의미 | 자산매각시 상속인 납세의무 | | |
|---|---|---|---|---|
| | | 양도소득세 | 취득세 | 재산세 |
| 단순승인 : 피상속인 (자산/부채) 모두승계 | | O | O | O |
| 한정승인 : 피상속인 자산승계 / 자산범위內에서 부채승계 | | O | O | O |
| 상속포기 : 피상속인 자산·부채 모두 포기 | | X | X | X |

(물음3)

1. 결론

　양도소득세 부과할 수 있다.

2. 근거

　(1) 양도소득세 납세의무

　　1) 경매가 자산의 유상양도인지 여부 : 해당O

　　2) 한정승인과 양도소득세 납세의무 관계

　　　― 한정승인도 자산의 승계에 해당
　　　― 승계받은 자산매각시 양도차익 발생
　　　― 상속인에 양도소득세 납세의무 발생
　　　― 다만 현실적인 책임범위는 실제 상속받은 재산의 한도 내에서

　(2) 사안의 경우

　　― 경매에 따라 자산의 유상양도 인정
　　― 경락대금이 채권자에게 넘어간것은 상속채무변제로서, 한정승인의 당연한 효과
　　― 양도차익이 발생한 이상 납세의무 있다.
　　― 다만 현실로 상속받은 재산이 없으므로 납부책임은 없다.

(물음4)

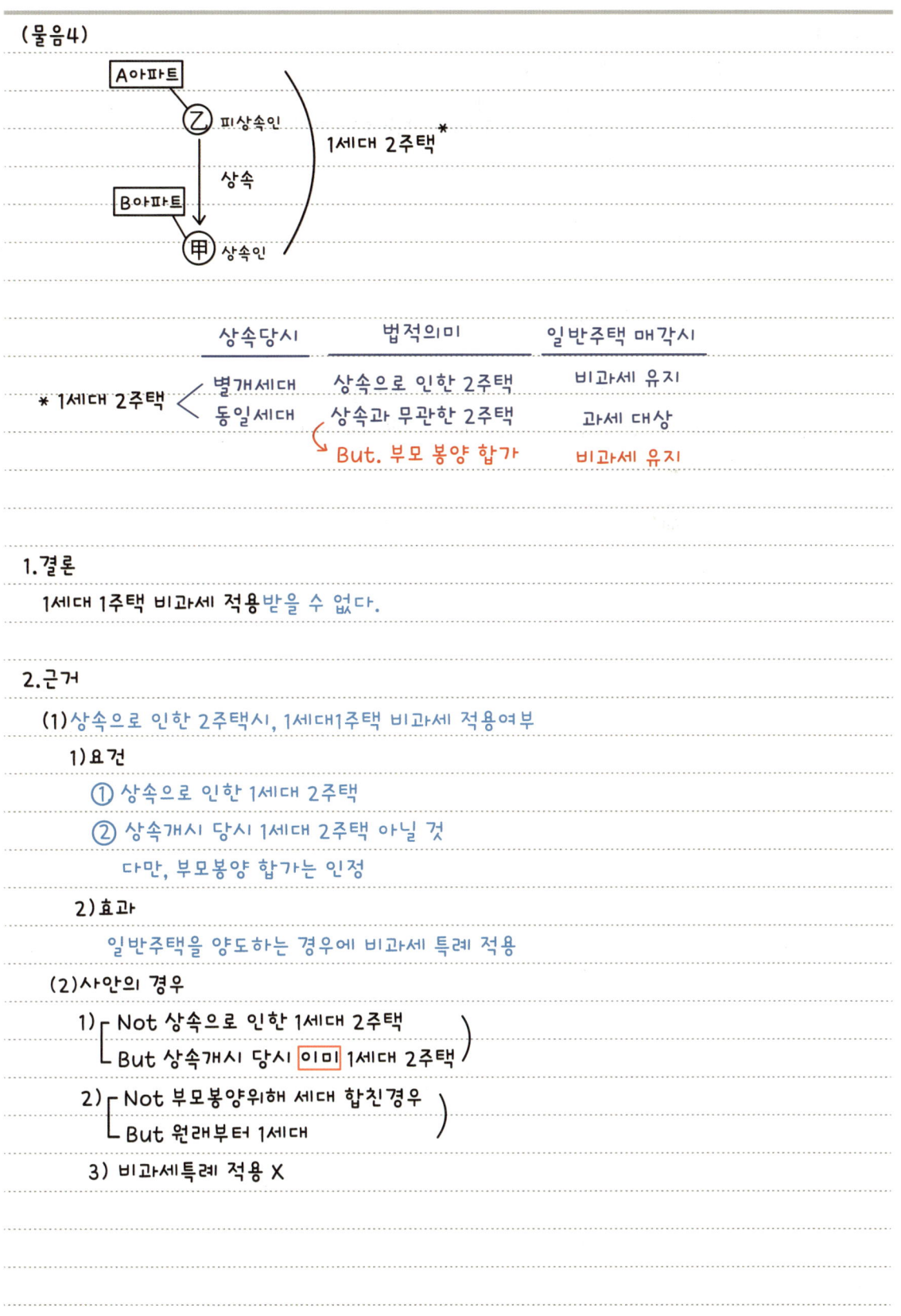

1. 결론

   1세대 1주택 비과세 적용받을 수 없다.

2. 근거

   (1) 상속으로 인한 2주택시, 1세대1주택 비과세 적용여부
   
   1) 요건
      ① 상속으로 인한 1세대 2주택
      ② 상속개시 당시 1세대 2주택 아닐 것
      다만, 부모봉양 합가는 인정
   
   2) 효과
      일반주택을 양도하는 경우에 비과세 특례 적용
   
   (2) 사안의 경우
   
   1) ┌ Not 상속으로 인한 1세대 2주택
      └ But 상속개시 당시 이미 1세대 2주택
   
   2) ┌ Not 부모봉양위해 세대 합친경우
      └ But 원래부터 1세대
   
   3) 비과세특례 적용 X

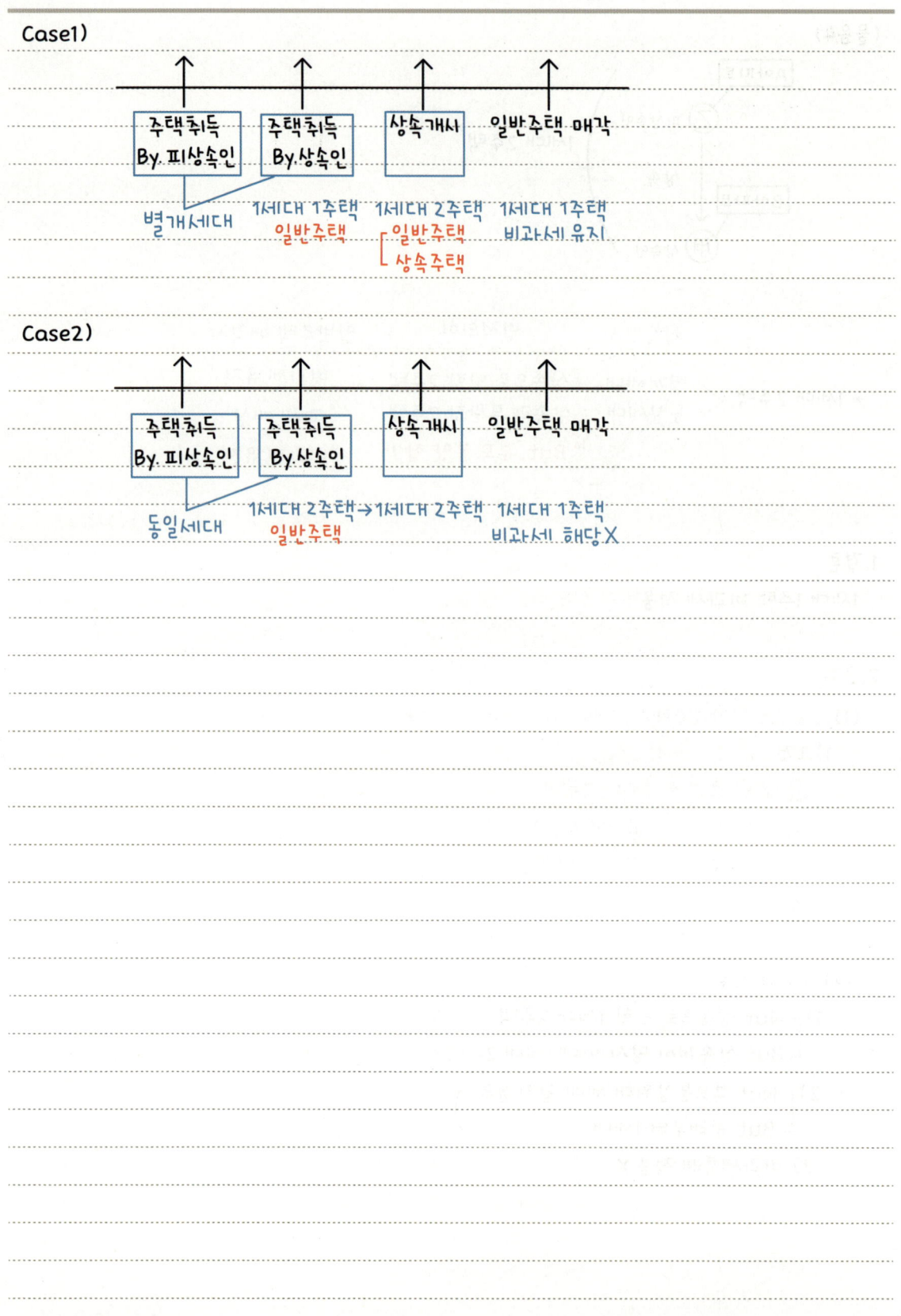

[문제19]
(물음1)

※. 증여 후 양도행위 부인

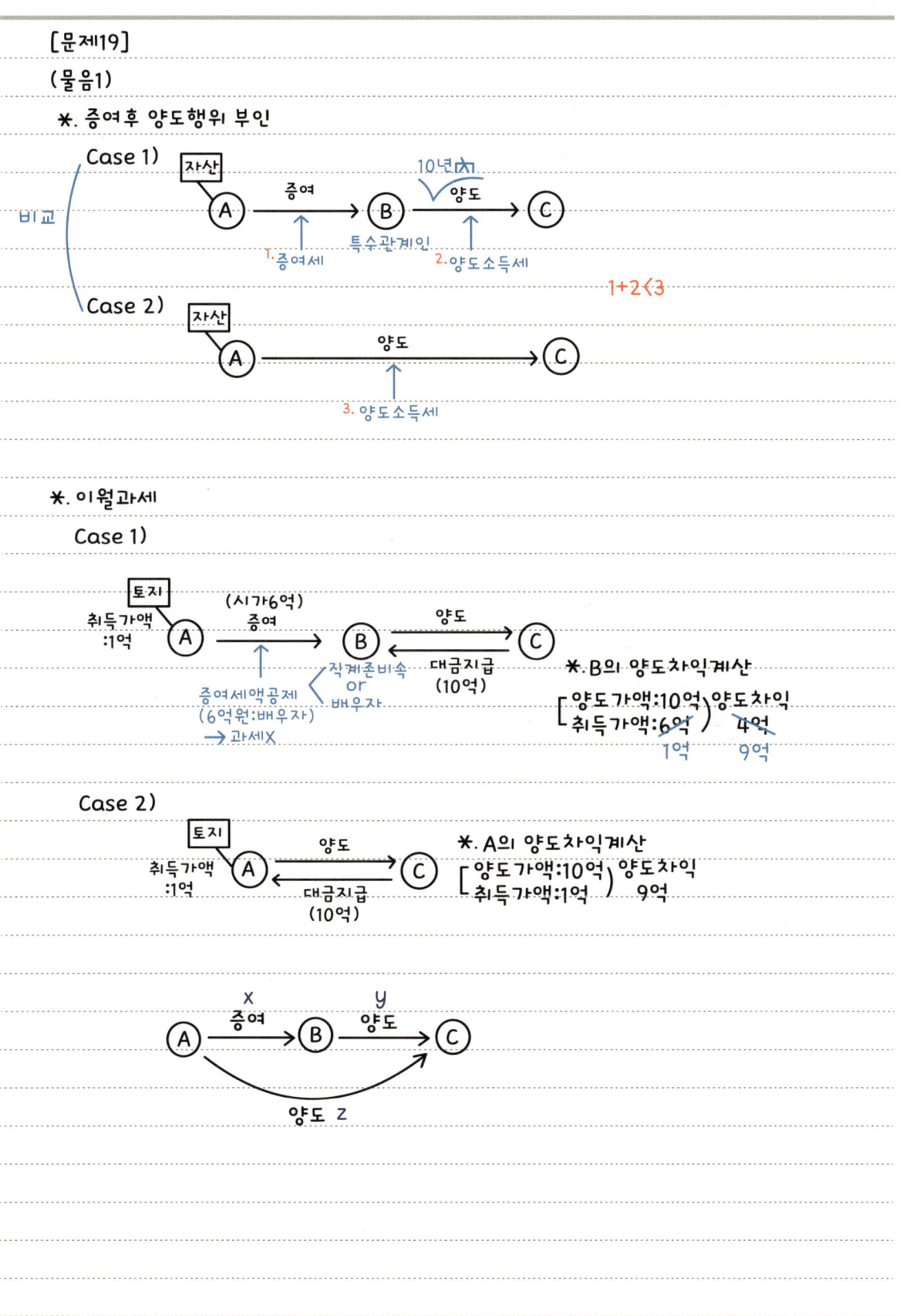

|  |  | 증여 후 양도행위 부인 | 이월과세 |
|---|---|---|---|
| 요건 | (1) 증여행위 | 수증자가 특수관계인 | 수증자가 배우자 or 직계존비속 |
|  | (2) 양도행위 | 증여 후 10년 내 양도 | 증여 후 10년 내 양도 |
|  | (3) 대상자산 | 부/부/기/주/파/신 | 부동산 / 특정시설물이용권 |
|  | (4) 조세부담감소 | x + y < z | y < z |
| 효과 | (1) 납세의무 내용 | 1) 증여자를 납세의무자로 양도소득세<br>2) 수증자는 연대납세의무 | 증여자 취득가액을 수증자 취득가액으로 보아 /이월<br>수증자가 양도소득세 납세의무/ 과세 |
|  | (2) 기납부증여세 | 환급의 대상 | 필요경비 인정 |
|  | (3) 효과 배제 | 이월과세 우선적용 | 1) 1세대 1주택 비과세<br>2) 증여 후 2년 내 수용<br>3) 양도전 증여자 사망으로 혼인관계 종료 |

(물음2)

양도소득세 과세대상 자산
- 국내자산  #부/부/기/주/파/신
- 국외자산  #부/부/기/주

※. 국외자산 양도시 적용세율

| 자산의 종류 | 세율 | 국내자산(비교) |
|---|---|---|
| 토지, 건물, 부동산에관한권리 | 기본세율 (6%~45%) | 중과세율 可 |
| 기타자산 | | |
| 주식 - 중소기업 | 10% | 30% 可 |
| 　　　 그 외 | 20% | |

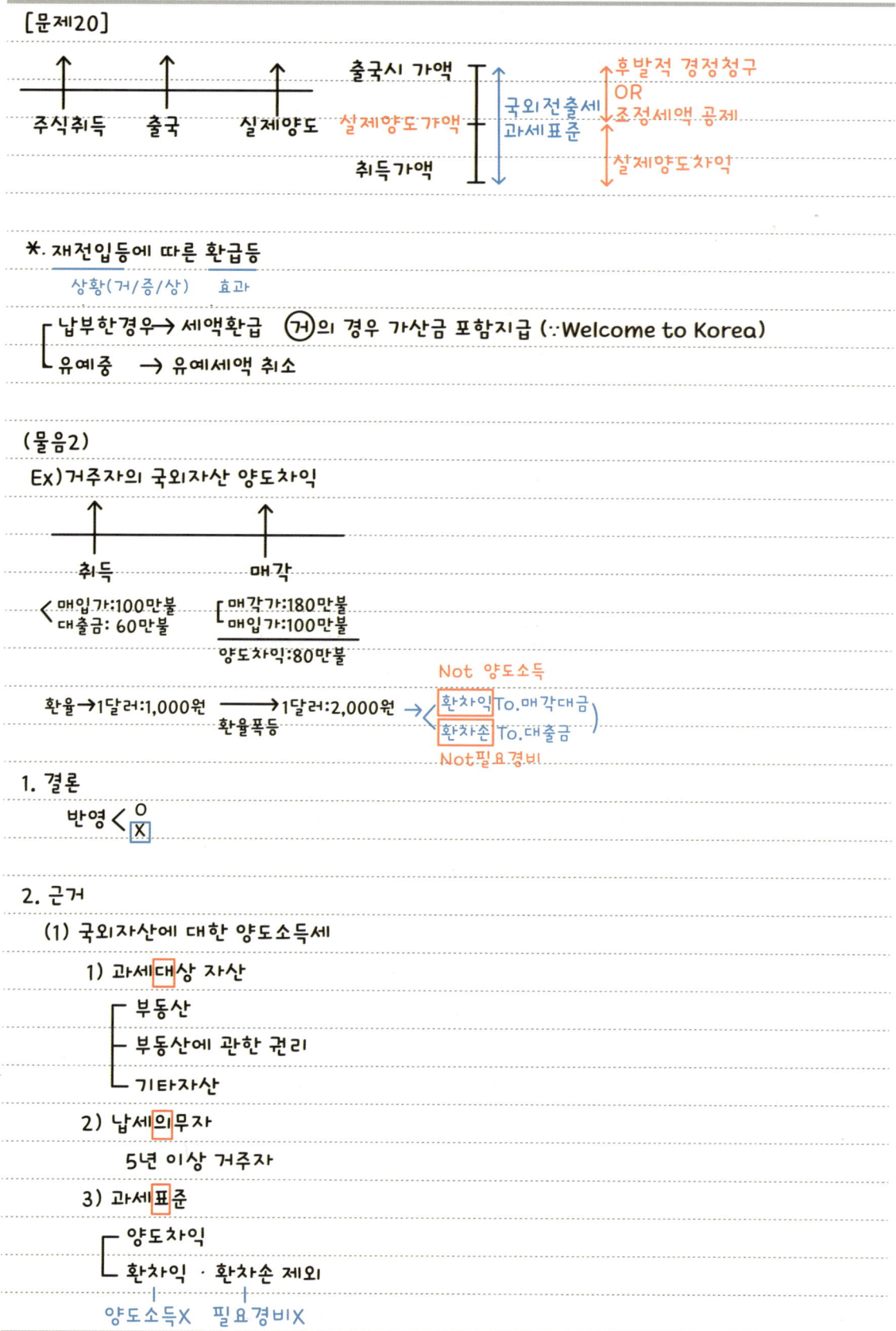

4) 세율

　　기본세율(6%~45%)

(2) 사안의 경우


(물음3)
※.비거주연예인 국내용역제공관련 과세특례

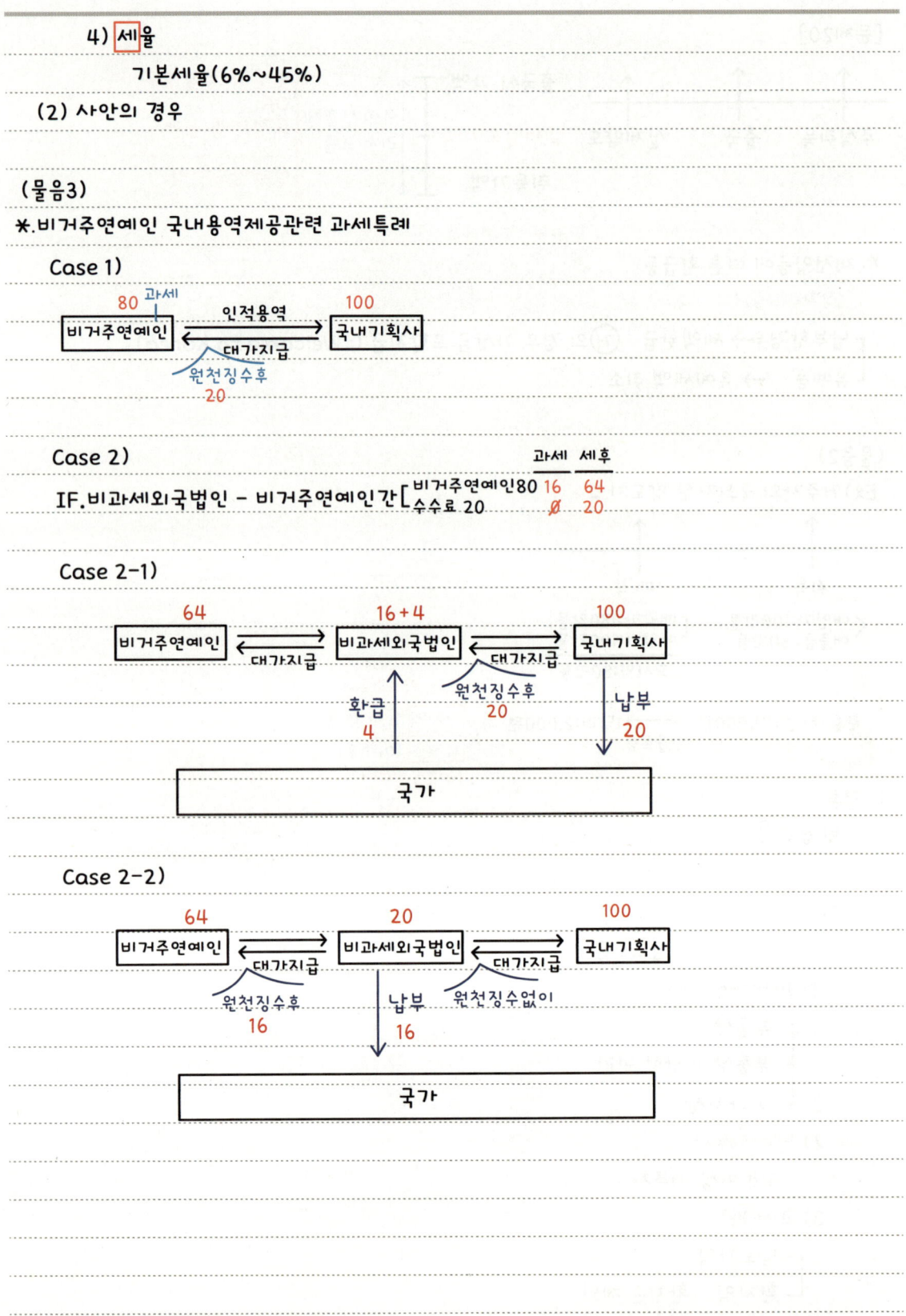

# 04

# 상속세 및 증여세법

[문제1]

```
        [상속재산]
          90억
           ↓
          (A) ──30억 유증──→ (주)종로  수유자
       피상속인                  (甲이 80% 최대주주)
    망 /  유증자
      /  \
     /    \
  상속인 甲   乙 상속인
    30억    30억
```

(물음1)

* 순상속가액 : 연대납세의무의 한도

  자산총액 - [부채총액 + 상증세]


* 영리법인이 수유자인 경우 과세문제

  1. 해당 영리법인의 경우

     ⎡ Not. 상속세 ⎤
     ⎣ But. 법인세 ⎦  ∵ 소득과세원칙

  2. 상속인 or 그 직계비속이 영리법인의 주주인 경우

     (1) 상속세 납세의무가 있다.

     (2) 산식

     ⎡ 영리법인이 납부하여야 할   ⊖   영리법인의 상속재산 ⎤   ⊗   상속인 or 직계비속의
     ⎣     상속세 상당액                  × 10%          ⎦         지분비율


(물음3)

1. 결론

   보험금 10억원은 甲의 상속재산에 포함된다.

2. 근거

   (1) 간주상속재산으로서 보험금

   1) 요건                              2) 효과

   ① 피상속인이 피보험자 ⎫              상속재산으로 간주하여
   ② 피상속인이 보험계약자 ⎬ &          총상속재산에 포함
   ③ 피상속인이 보험료납부자 ⎭

(물음 4)

1. 결론

   상속포기한 甲에게도 상속세 납세의무가 있다.

2. 근거

   (1) 상속포기시 상속세 납세의무

   1) 원칙 : 상속세 납세의무 인정 ×

   2) 예외

   ① 요건  #사간추영/포
   - 사전증여재산
   - 간주상속재산
   - 추정상속재산
   - 영리법인이 수유자인 경우

   ② 효과
   상속포기시에도
   상속세 납세의무 인정 ○

   (2) 사안의 경우

   1) 간주상속재산 - 보험금
   2) 영리법인의 수유자인 경우 - 甲이 주주

[문제2]

(물음2)

✱. 상속세 과세가액 계산

추정상속재산 = (10억-3억)-min[10억×20%,2억] = 5억
          = (10억-3억)-min[ 7억×20%,2억] = 5.6억

(물음3)

✱. 채무의 입증방법

1. 국가, 지자체, 금융기관 등의 대한 채무
   → 채무확인서

2. 그 외의 자에 대한 채무(ex.사채)
   → 채무확인서 및 증빙

IF Not : 기간,금액 상관없이 전액 상속 추정

✱. 용도가 객관적으로 명백 X

1. 거래 상대방 측면 (3가지)
   (1) 거래상대방 확인 X
   (2) 거래상대방 부인 or 인정 X
   (3) 특수관계인인 거래상대방 & 사회통념상 인정 X

2. 피상속인 측면 (2가지)
   (1) 취득한 다른 재산 확인 X
   (2) 지출사실 인정 X

## [문제3]

### (물음1)

✳ 대물적 비과세

(1) 유증 By. 피상속인
(6) 증여 By. 상속인
(3) 금양임야, 묘토인 농지

### (물음2)

| | 입증방법 |
|---|---|
| 국가·지자체, 금융기관 | 채무확인서 |
| 그 외의 채권자 | 채무확인서 ⊕ 증빙 |

✳ 세법상 입증책임

과세관청 VS. 납세의무자
     ↑              ↑
- 과세요건 사실의   · 과세요건 사실이   ) 반대되는 사실
  충족              추정되는 경우
                  · 각종 ┌ 감면
                         ├ 배제
                         └ 비과세

✳ 연대보증채무

A(채무자) ←1.채권(10억)— B(채권자)
6.부도
2.요청 ↓
C(보증인) ←3.보증채무(10억)
5.상속 4.망
C₁ C₂ C₃
7. 보증채무이행소송
8. 승소판결확정

Case 1) 5번단계에서 보증채무 공제 여부
    不可 (∵ 미확정채무)

Case 2) 8번단계에서 보증채무 공제 여부
    可 (∵ 채무의 범위, 내용 확정)
    → 상속세납부이후 Case2)가 발생
       : 후발적 경정청구 가능

(물음3)

|  | 국내상속재산 | 국내사업장 |
|---|---|---|
| 공과금 | V | V |
| 담보채무 | V |  |
| 장부확인채무 |  | V |

[문제4]
(물음1)
※ 금융재산 상속공제

1. 의의
   (1) 개념
   (2) 취지
      1) 과세형평 (Btw. 부동산)
      2) 금융재산 상속 유도

2. 요건
   (1) 순금융재산 = 금융재산 - 금융채무
   (2) 금융재산
      (적) 금융기관이 취급하는 금융상품
      (소) ─ 최대주주 보유주식 : 금융재산 보유유도 필요성 X
          ─ 차명보유 금융재산 :  ┌──────────────┐
          ─ 추정상속재산     :  │ 제재의 필요성 │
                              └──────────────┘
          ─ 사전증여재산     : 상속유도와 무관
   (3) 금융채무
      조합채무는 제외 (납세의무자에게 유리)

※ 조합 채무
   <u>단계에서 부담하는 금융</u>

   [상가]  ─  (A조합) ──담보채무(40억)── (금융기관)
   시가50억      │
              甲 乙
              양
   지분비율: 1/2  1/2

→ 조합단계 채무는 금융채무로 차감 X (∵ 아직 정확한 채무분담액 확정 X)

3. 금융재산 상속공제
   (1) 결론
       B 주식 10억원
   (2) 근거
       금융재산 < B 주식 10억원
                 ~~C 주식 20억원(최대주주)~~
       (금융채무)  ~~A조합 금융채무 40억원의 1/2~~
       _____
       순금융재산가액

   → 순금융재산은 10억원으로 보아 금융재산상속공제 적용O

   비교) 과세당국입장 : 금융재산10억 - 금융채무20억
                    = 순금융재산은 (-)10억이므로 공제불가


(물음2)

```
        ↑              ↑            ↑        5년內
    2019.10.31     2022.8.15    2023.3.31
       A→B          A-B간        A사망
   ┌7억토지증여      이혼         →甲단독상속
   └배우자공제6억
    증여세900만원
```

# 1. 납세의무자

## (1) 결론
甲

## (2) 근거
- 상속인 or 수유자
- B는 A의 사망 전 이혼하여 사망 당시 법률상 배우자 X

# 2. 상속공제와의 적용관계

## (1) 상속공제 종합 한도

상속세과세가액 (5억원 초과시)
⊖ 유증가액 (to. 상속인이 아닌자)
⊖ 선순위 상속인 상속포기에 따른 대습상속가액
⊖ 사전증여재산가액 (증여공제 차감후)   7억 / 6억
──────────────────────
상속공제 종합한도

## (2) 배우자 상속공제
해당 X

# 3. 증여세액공제

## (1) 결론
- Not. 증여세납부세액 : 배우자 공제 적용 후 납부한 900만원
- But. 증여세 산출세액 : 배우자 공제없이 7억에 대한 산출세액 ← 대상

## (2) 근거
배우자 증여공제의 효과를 유지

[문제5]
(물음1)

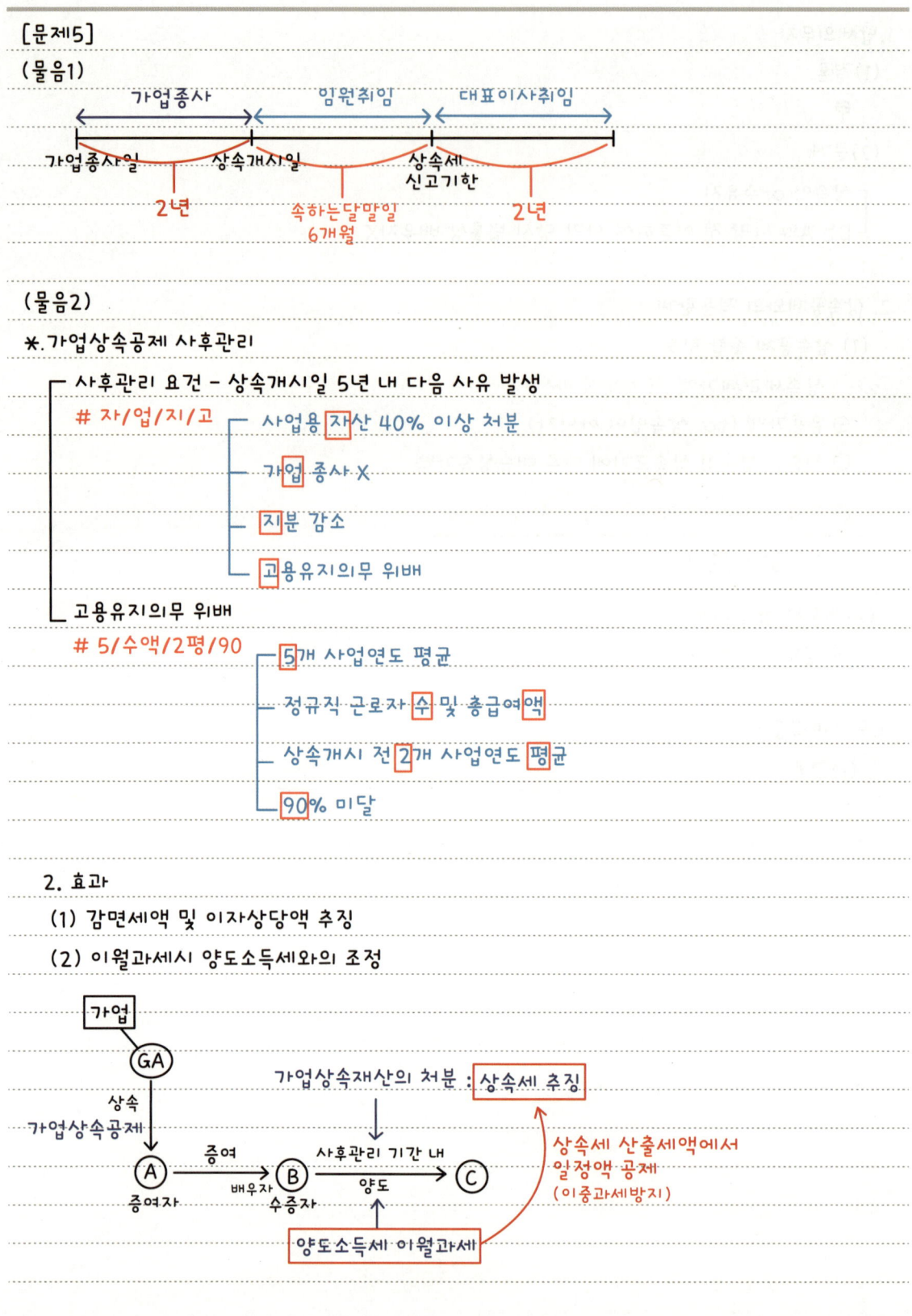

(물음2)
* 가업상속공제 사후관리

― 사후관리 요건 - 상속개시일 5년 내 다음 사유 발생
  # 자/업/지/고 ― 사업용 자산 40% 이상 처분
              ― 가업 종사 X
              ― 지분 감소
              ― 고용유지의무 위배
― 고용유지의무 위배
  # 5/수액/2평/90 ― 5개 사업연도 평균
                 ― 정규직 근로자 수 및 총급여액
                 ― 상속개시 전 2개 사업연도 평균
                 ― 90% 미달

2. 효과
(1) 감면세액 및 이자상당액 추징
(2) 이월과세시 양도소득세와의 조정

[문제6]
(물음1)

✱. 가업상속공제

- 요건
  - 가업
  - 상속재산
  - 피상속인 — 지분요건
  - 상속인 — 재직기간요건
    - 50% 이상
    - or 10년 이상 (피상속인 사망 전 상속인이 대표이사 취임)
    - 10년 중 5년 이상
- 효과
- 사후관리

✱ 가업상속공제 취지
1) 중소기업 유지 → 국가경쟁력 강화
2) 중소기업에 고용된 종업원의 고용안정성 보장

✱. 가업의 영위
- 숙박업 및 음식점업 (I)
- 농·어업·임업 (A)    ⎫ 대분류 내에서 업종의 변경은
- 운수 및 창고업 (H)  ⎭ 가업의 계속으로 본다

✱ 피상속인의 재직기간 요건
1) 50% 이상
2) 10년 이상    피상속인이 10년이상 대표이사로 재직하다가
               사망 전 상속인에게 바통터치
3) 10년 중 5년 이상

✱. 상속인 요건

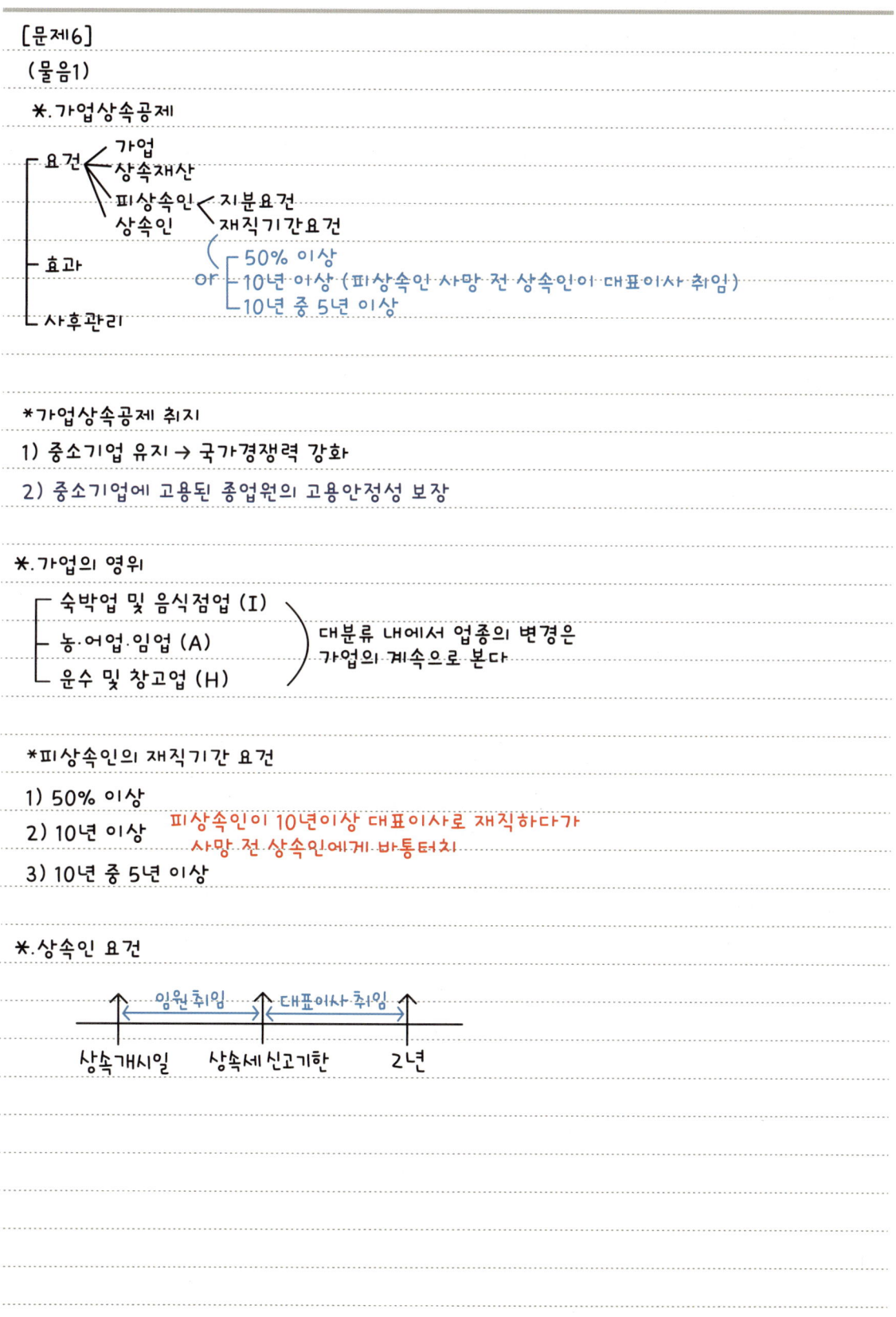

        ← 임원취임 → ← 대표이사 취임 →
    ─────┼──────────────┼────────────────┼─────
    상속개시일      상속세 신고기한        2년

※. 중견기업의 경우, 상속세 납부능력 요건

1. 요건
   (1) 조특법상 중견기업
   (2) 가업상속재산 外 상속재산 > 가업상속공제 없이 계산한 상속세액 ⊗ 2배
2. 효과
   가업상속공제 적용 제외


(물음2)

```
┌부동산┐
   │
  (甲)─(丙)
   │
   │ 상속 : 가업상속공제 적용
   │
  (乙) ──5년 내 양도──→ (제3자)
```

  ┌ 양도소득세 : 이월과세
  └ 상속세 : 사후관리
           양도소득세와의 이중과세조정


1. 양도소득세의 경우
   (1) 결론
       피상속인의 취득가액 이월
   (2) 근거
       1) 이월과세
       2) 사안의 경우

2. 상속세의 경우
   (1) 결론
       1) 사후관리에 따른 추징
       2) 양도소득세와의 이중과세 조정
   (2) 근거
       1) 가업상속공제의 사후관리
          - 요건
          - 효과
       2) 양도소득세와의 이중과세조정
       3) 사안의 경우

(물음3)

상속개시 ─ 최초분할 ─ 재분할 ─ 상속세신고기한 ─ 재분할

Case 1) 재분할 < 상속세납부 / 증여세 X

Case 2) 재분할 < 최초분할: 상속세납부 / 재분할: 증여세납부

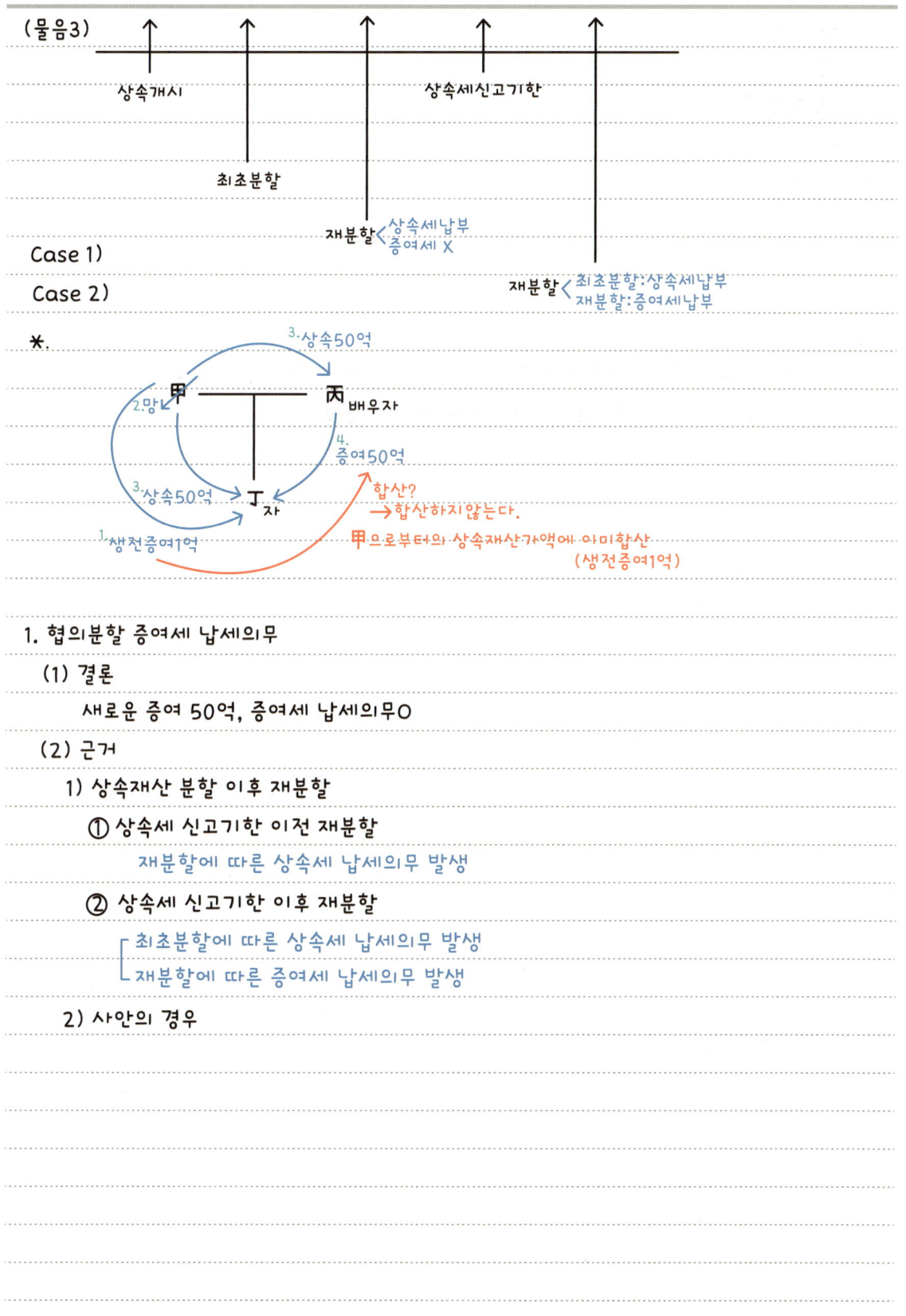

1. 협의분할 증여세 납세의무

   (1) 결론

   새로운 증여 50억, 증여세 납세의무 O

   (2) 근거

   1) 상속재산 분할 이후 재분할

   ① 상속세 신고기한 이전 재분할

   재분할에 따른 상속세 납세의무 발생

   ② 상속세 신고기한 이후 재분할

   ┌ 최초분할에 따른 상속세 납세의무 발생
   └ 재분할에 따른 증여세 납세의무 발생

   2) 사안의 경우

## 2. 합산과세여부

### (1) 결론

합산 < O / X

### (2) 근거

1) 동일인으로부터 증여받은 재산의 합산과세
   ① 동일인 / 10년 內 / 1천만원 이상
   ② 증여자가 직계존속이면 배우자 증여 합산

2) 사안의 경우
   - 어머니로부터의 증여가액을 판단함에 있어 아버지 증여분 합산함이 원칙
   - 사안의 경우 아버지 증여분은 아버지 상속재산가액 합산
     → 또다시 합산 X

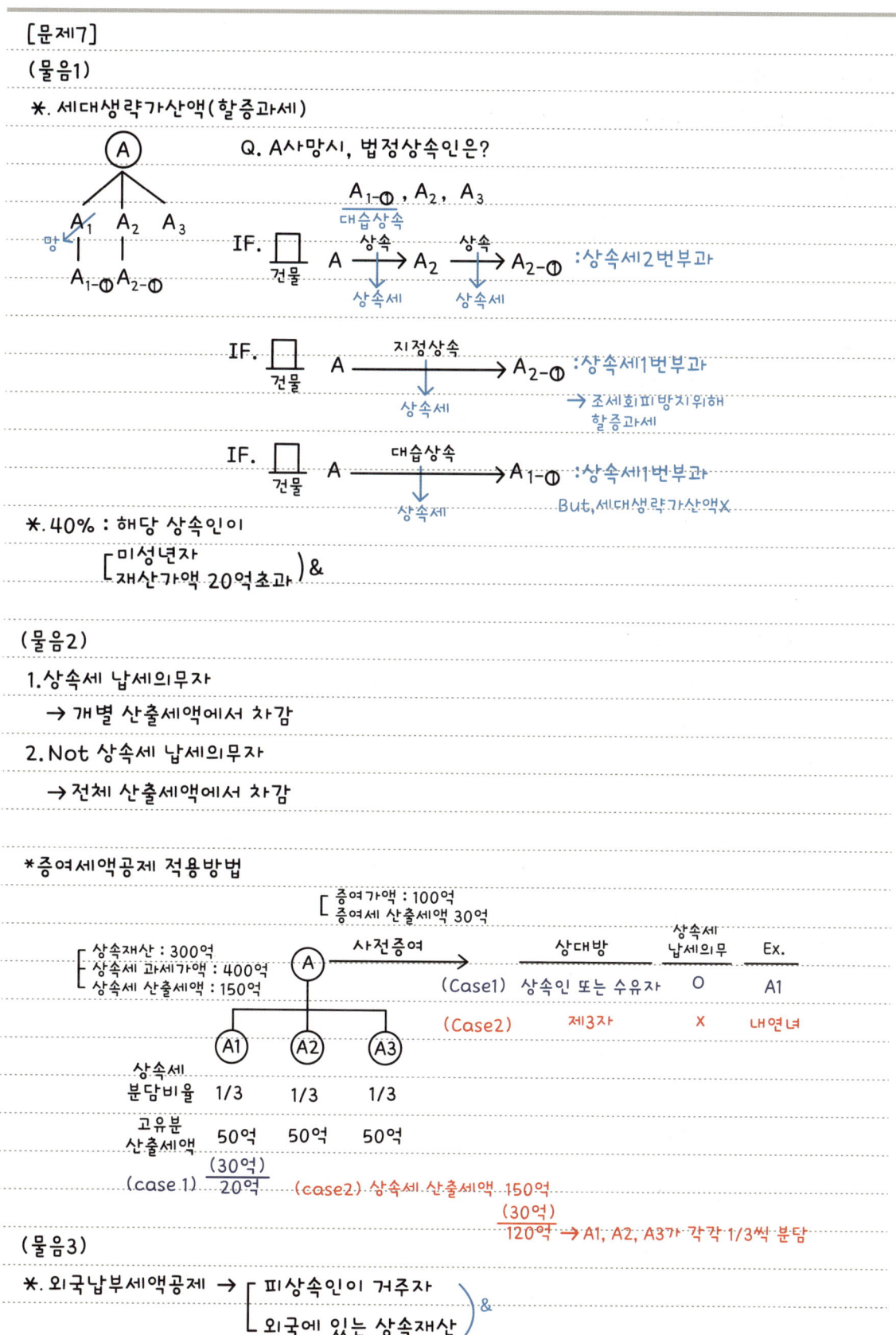

[문제8]

✱.물납요건(중 유동성)
1. 부동산·유가증권이 상속재산가액 1/2초과    부유/재반
2. 납부세액이 2천만원 초과                    세/2천    초과
3. 납부세액이 상속재산 중 금융재산가액 초과    세/금재

✱.물납재산 범위
1. 부동산 : 국내소재                주식      예외적 허용
2. 유가증권 : 국내발행/제외되는경우 ┌상장    IPO후 처분제한
                                    └비상장  다른상속재산 없거나 부족

(물음2)
1. 물납신청세액의 범위
   (1) 원칙
      min[①,②]
      ① 상속세 납부세액 ⊗ 물납가능재산 비율
      ② 상속세 납부세액 ⊖ [순금융재산가액 ⊕ 상장주식]
   (2) 예외: 물납대상재산의 분할이 불가능한 경우
      → 한도초과 납부가능
   (3) 비상장주식 특례
      비상장주식 물납한도 = 상속세납부세액 - [상속세과세가액 ⊖ 비상장주식가액
                                              ⊖ 상속인거주 주택가액]

2. 사례의 물납신청세액 한도
   (1) 원칙적인 한도
      70억 ⊗ 60% = 42억
   (2) 비상장주식 특례
      70억 - [150억 - 100억] = 20억
   (3) 소결
      납부세액 70억원 중
      ┌ 28억원 : 금전납부
      └ 42억원 ┌ 그 외 물납대상재산 : 22억
               └ 비상장주식 : 20억

(2) 사안의 경우
- 비상장주식 물납신청 68억 중 20억만 인정
- 부동산 1억은 모두 인정
→ 금전으로 최소 27억 만큼 납부해야 하고,
  비상장주식 외의 자산으로는 물납 한도 21억이 남아있다.

[문제9]

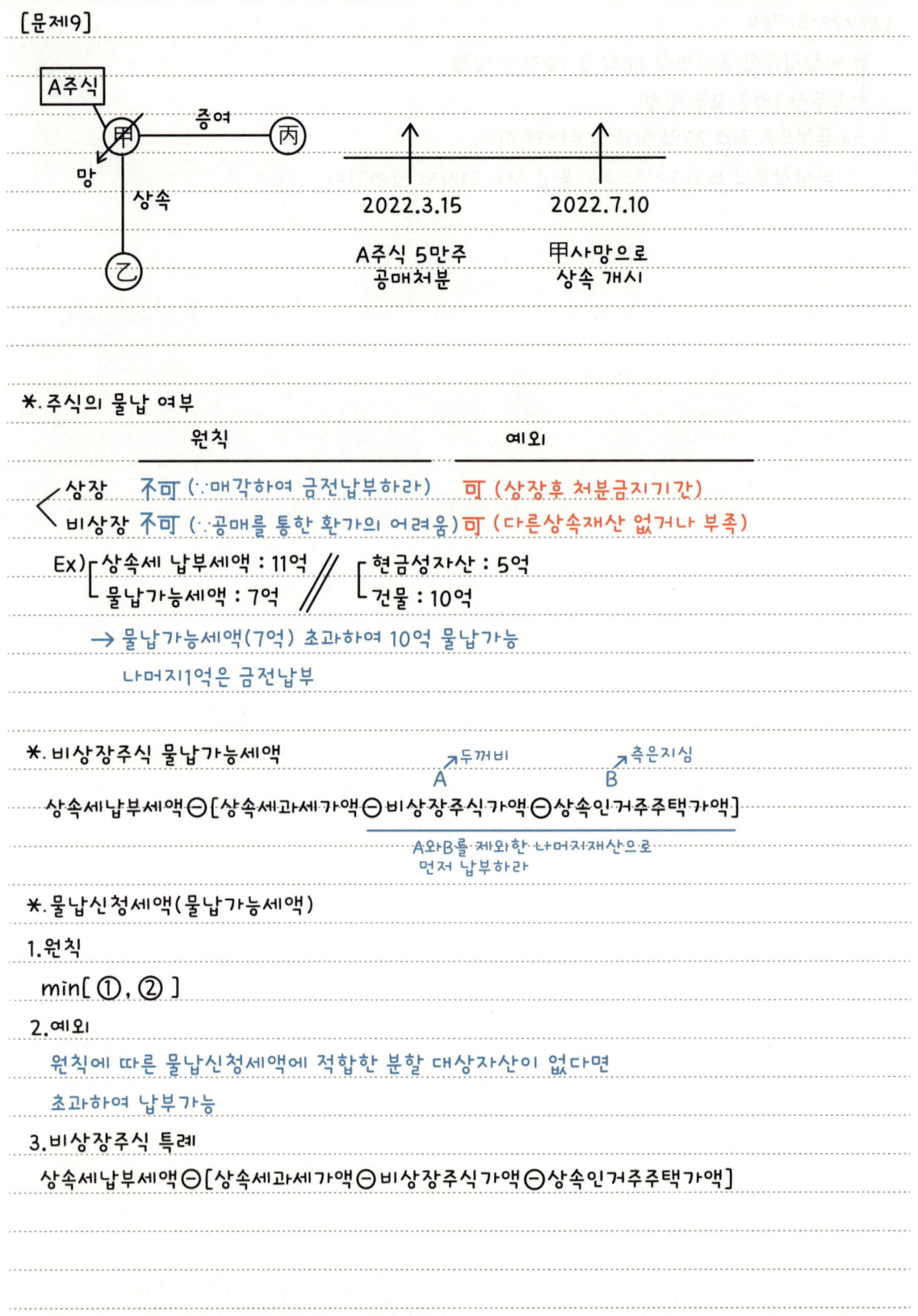

∗. 주식의 물납 여부

| | 원칙 | 예외 |
|---|---|---|
| 상장 | 不可 (∵매각하여 금전납부하라) | 可 (상장후 처분금지기간) |
| 비상장 | 不可 (∵공매를 통한 환가의 어려움) | 可 (다른상속재산 없거나 부족) |

Ex) ┌ 상속세 납부세액 : 11억    ┌ 현금성자산 : 5억
    └ 물납가능세액 : 7억       └ 건물 : 10억

→ 물납가능세액(7억) 초과하여 10억 물납가능
   나머지 1억은 금전납부

∗. 비상장주식 물납가능세액

                        ↗두꺼비           ↗측은지심
                        A                 B
상속세납부세액 ⊖ [상속세과세가액 ⊖ 비상장주식가액 ⊖ 상속인거주주택가액]
                  ─────────────────────────────────────────
                  A와 B를 제외한 나머지재산으로
                  먼저 납부하라

∗. 물납신청세액 (물납가능세액)

1. 원칙
   min [ ①, ② ]

2. 예외
   원칙에 따른 물납신청세액에 적합한 분할 대상자산이 없다면
   초과하여 납부가능

3. 비상장주식 특례
   상속세납부세액 ⊖ [상속세과세가액 ⊖ 비상장주식가액 ⊖ 상속인거주주택가액]

(물음2)

1. 결론

　공매가격을 물납수납가액으로 볼 수 있다.

2. 근거

　(1) 상증세법상 시가로 인정되는 금액

　　1) 매매사례가액 : 제외되는 경우 → ① 특수관계인과의 거래
　　2) 감정가액　　　　　　　　　　② min[발행주식총수1%, 3억원]
　　3) 보상가액
　　4) 경매·공매가액 : 제외되는 경우 → 특수관계인이 낙찰받는 경우
　　5) 유사사례가액

　(2) 사안의 경우

　　비특수관계인인 B회사가 낙찰받았으므로
　　6,500만원은 경매·공매가액으로서 시가로 인정받는다.

[문제10]
(물음1)
1. 연부연납 취지

   일시납에 따른 자금부담 경감

2. 적용절차

   (1) 연부연납 신청
   　1) 신고의 경우
   　　상속세 과세표준 신청서
   　　　⊕
   　　연부연납 신청서
   　2) 상속세 결정의 경우
   　　납부기한까지 연부연납신청서 제출

   (2) 연부연납 허가
   　1) 신고의 경우
   　　신고기한으로부터 9개월 內
   　2) 상속세 결정의 경우
   　　납부기한 경과후 14일 內

(물음 2-1)
   1. 결론

      증여세 과세할 수 없다

   2. 근거
   　(1) 상속세 신고기한 이후 재분할 증여세 과세
   　　1) 원칙

   　　　새로운 증여

   　　2) 재분할에 정당한 사유

   　　　회/대/물

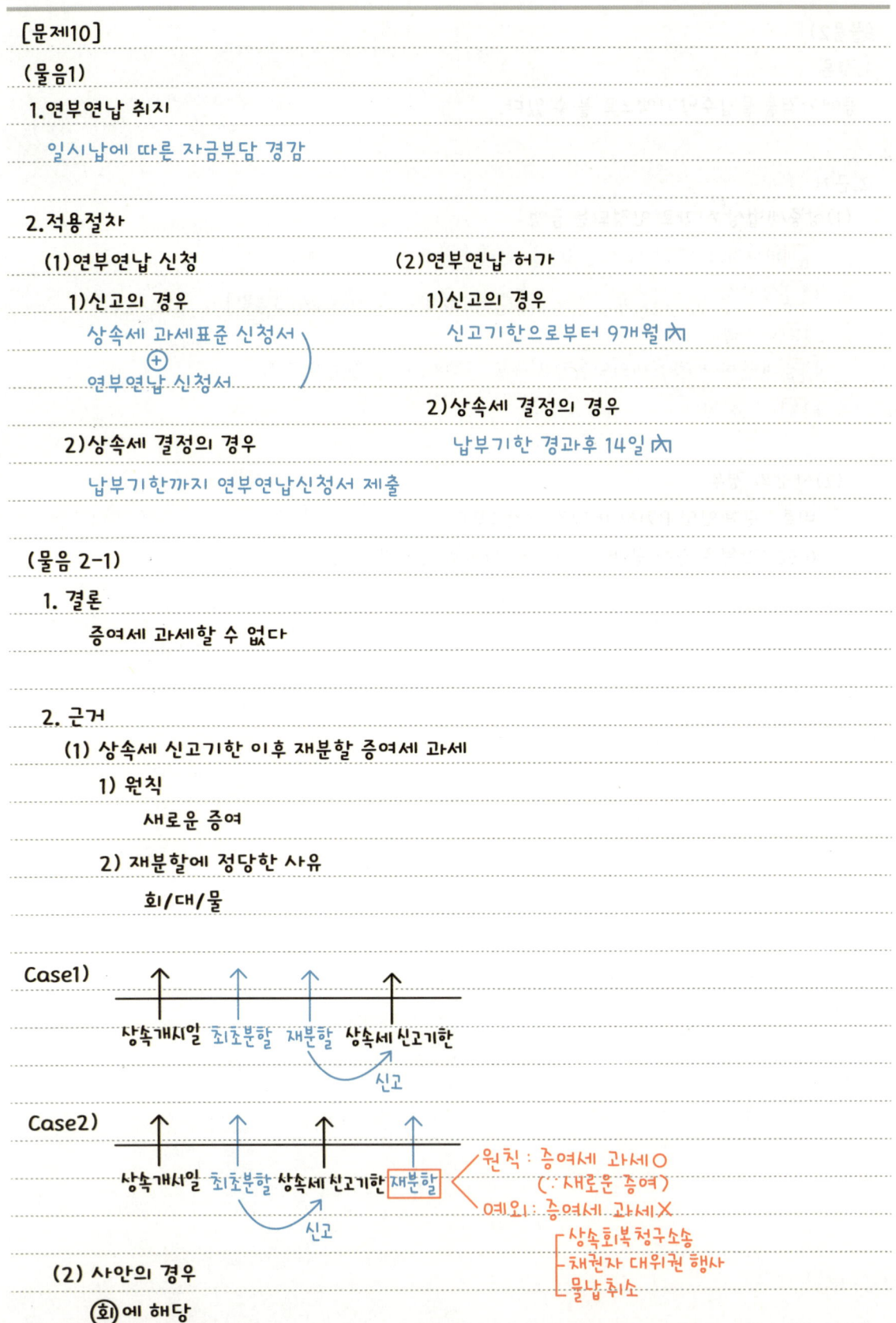

   　(2) 사안의 경우

   　　㊋에 해당

(물음 2-2)
1. 상속세 경정청구 요건
   (1) 청구인 적격
   (2) 청구대상(사유)
      1) 귀속변경
      2) 처분가격 하락(3가지)
         ① 수용·경매·공매
         ② 주식 할증평가 후 최대주주 지위 이전
         ③ 주식 처분금지 해제 후 처분
   (3) 청구기한
         6개월

[문제11]

※.
| | 성격 | 의미 |
|---|---|---|
| 세법상 상속 | 차용개념 | 민법개념과 동일 |
| 세법상 증여 | 고유개념 | 민법개념과 차이 |

※. 증여의 개념

- 타인에게 무상으로 재산의 증여(민법상 증여)
- 재산이전 or 이익이전 or 재산가치증가 일체
  → 이익의 증여까지도 (완전포괄주의)

※.
| 구법 | 현행법 |
|---|---|
| 민법상 증여 | → 완전포괄주의 (타인재산가치증가) |
| ＋ 이익의 증여 열거 | → 이익의 증여 예시 → Ex) 자산의 저가양수·고가양도 특수관계인간 기준금액 = min[시가30%, 3억원] : 기준액을 초과하지 않으면, 여전히 과세불가 |
| → 그 외의 변칙적인 증여 과세불가능 | → 그 외의 변칙적인 증여 과세가능 |

세법상증여 ⊃ 민법상증여 (타인/무상/재산/이전) + 이익의 증여 예시규정

(물음2)

※. 특정법인과의 거래를 통한 이익의 증여의제

丙(조부) ──이사건 부동산증여 거래──→ Ⓐ 회사  특정법인 ┬ 결손법인 ├ 휴폐업법인 └ 피지배법인(정상법인)

丙 ──특수관계──→ 甲(손자) 지배주주

Ⓐ ──100% 주주 / 이익의 증여──→ 甲

## 1. 甲에 대한 부과처분의 근거

**(1) 요건**
- 특수관계
- 특정법인
- 지배주주

**(2) 효과**
- 이익의 증여로 보아 과세
- 증여재산가액 = 특정법인세후이익 ⓧ 지분비율

## 2. 甲의 주장의 타당성

**(1) 결론**

타당하지 않다.

**(2) 근거**

1) 법인세 VS. 증여세

　명문규정이 존재하므로 더이상 이중과세문제 X

2) 양도소득세 VS. 증여세

　증여의제이익을 주식의 취득가액에 가산하여 양도차익 감소

　→ 이중과세조정 이루어진다.

$$\frac{\text{양도가액}}{\ominus\ (\text{취득가액} \oplus \text{증여의제이익})}$$
$$\text{양도차익} \ominus \text{증여의제이익}$$

[문제12]

```
         재산
          ↓    무상이전
         (A) ――――――→ (B)
          ↓      ↓      ↓
        증여자   증여   수증자
          ⇓             ⇓
조건부  증여세 납세의무  증여세납세의무자
or            ↑___연대___↑
무조건부
```

(물음1)
1. 조건부 연대납세의무
   (1) 수증자로 부터 조세채권 확보 곤란
      1) 소재불분명
      2) 증여세 납부능력 결여
   (2) 대상 증여 행위
      1) 재산의 이전
      2) 이익의 증여 중
         ① 보험금    ) (∵재산의 이전과 차이X)
         ② 신탁이익  )

2. 무조건 연대납세의무
   수증자가 비거주자

(물음2)

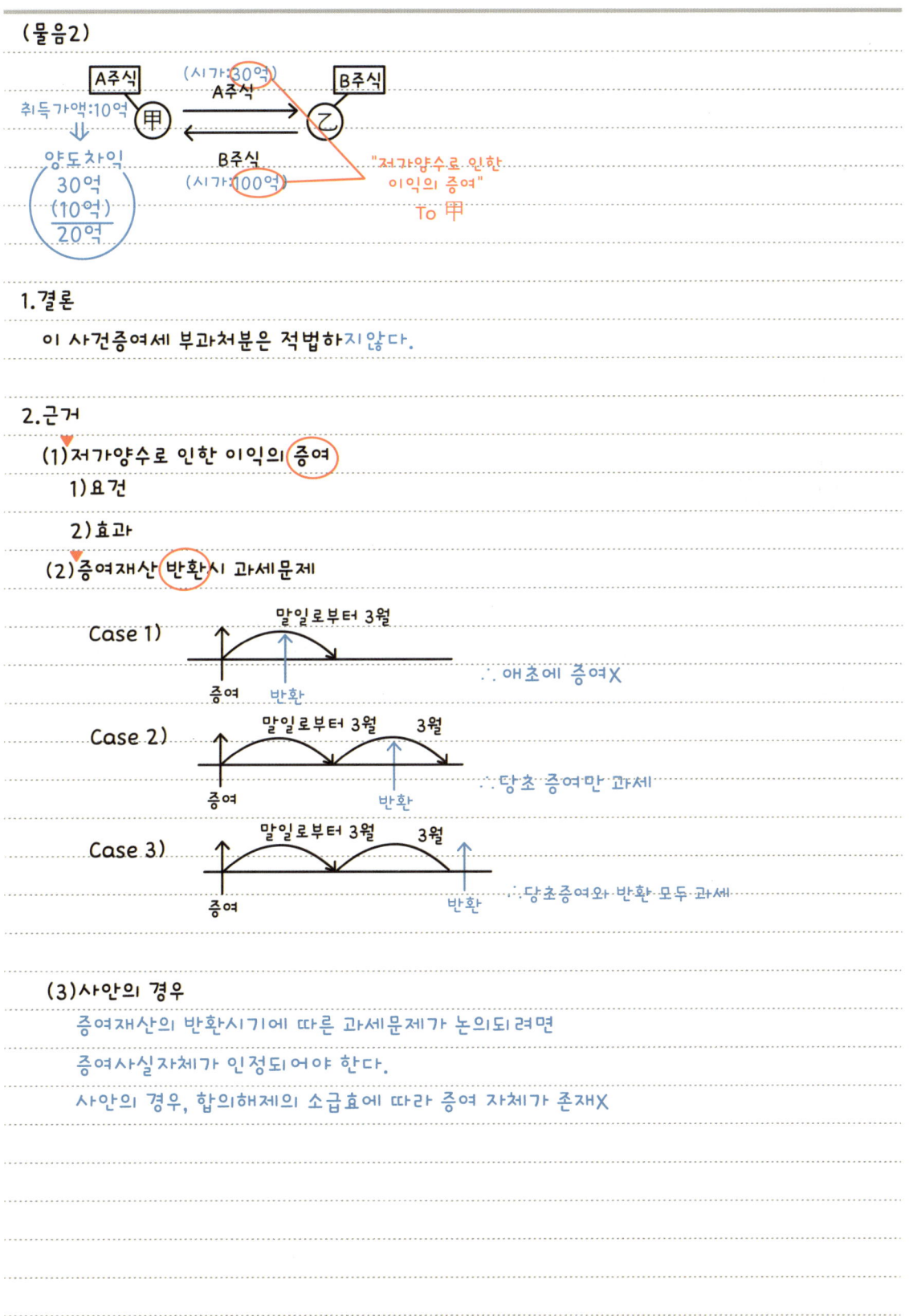

1. 결론

이 사건증여세 부과처분은 적법하지않다.

2. 근거

(1) 저가양수로 인한 이익의 증여

　1) 요건

　2) 효과

(2) 증여재산 반환시 과세문제

Case 1) 말일로부터 3월 → 증여 → 반환 ······ 애초에 증여 X

Case 2) 말일로부터 3월 + 3월 → 증여 → 반환 ······ 당초 증여만 과세

Case 3) 말일로부터 3월 + 3월 → 증여 → 반환 ······ 당초증여와 반환 모두 과세

(3) 사안의 경우

증여재산의 반환시기에 따른 과세문제가 논의되려면
증여사실자체가 인정되어야 한다.
사안의 경우, 합의해제의 소급효에 따라 증여 자체가 존재 X

[문제13]
(물음1)
1. 의의
   (1) 개념
   | 시가 - 대가 | > 기준금액 ← 요건
   이익의 증여로 보아 과세 ← 효과
   (2) 취지
   양도의 형식에 의한 변칙적 증여 규제

   주식 ─ 양도 →
   시가12억 甲 ⇄ 乙
           8억  저가양수
                ↓
                수증자

   주식 ─ 양도 →
   시가8억 甲 ⇄ 丙
          12억
   고가양도
     ↓
   수증자

   |  | 특수관계 | 〈요건〉 |시가⊖대가| 기준금액 초과여부 | 〈효과〉 |시가⊖대가⊖일정금액| 증여재산가액 |
   |---|---|---|---|---|
   | 저가양수 | O | 상절² | min[30%, 3억] : 상절 | min[30%, 3억] : 상절 |
   |  | X | 상/절 | 30%만 : 상 | 3억 : 절 |
   | 고가양도 | O | 상절² | min[30%, 3억] : 상절 | min[30%, 3억] : 상절 |
   |  | X | 상/절 | 30%만 : 상 | 3억 : 절 |

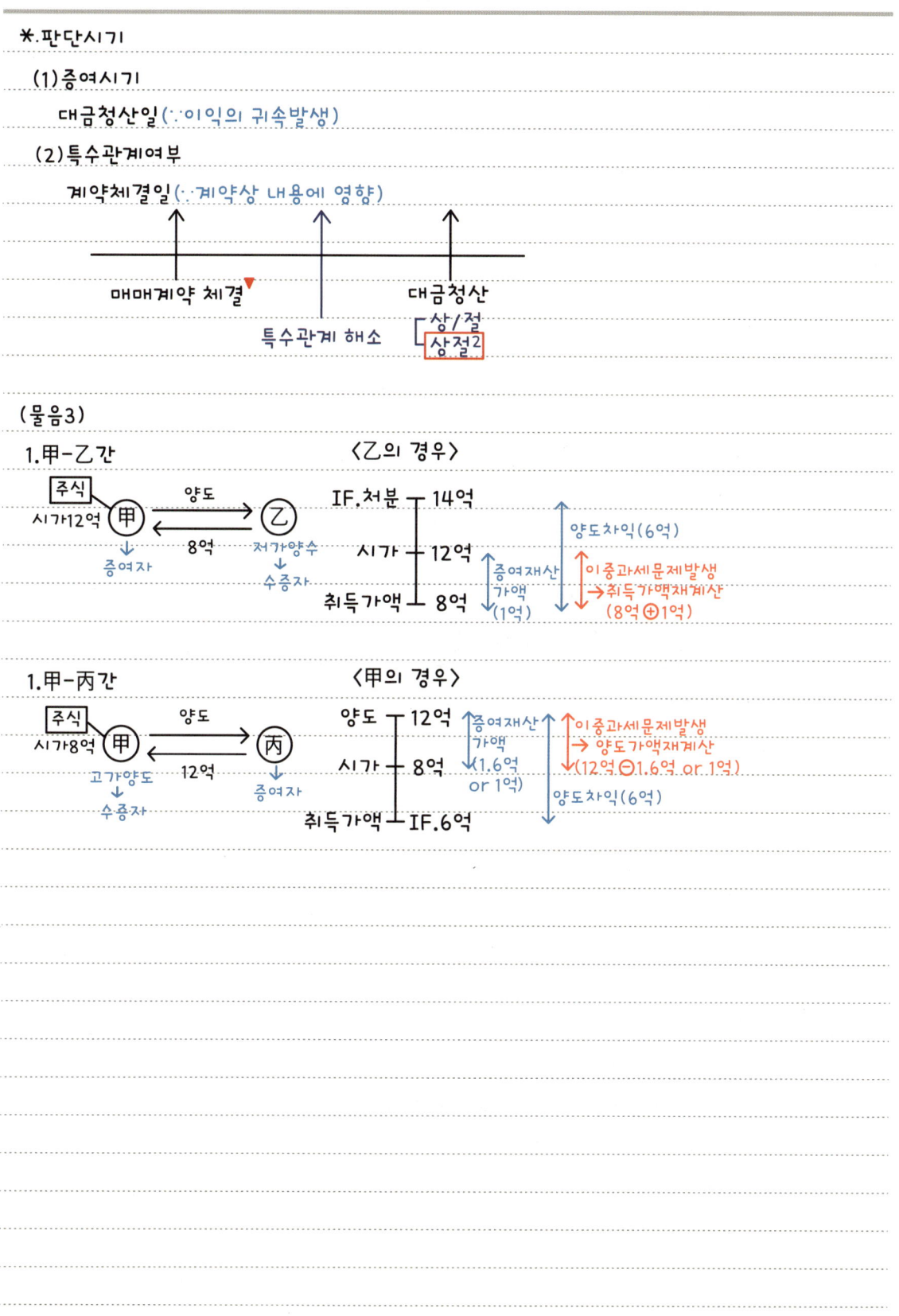

[문제14]

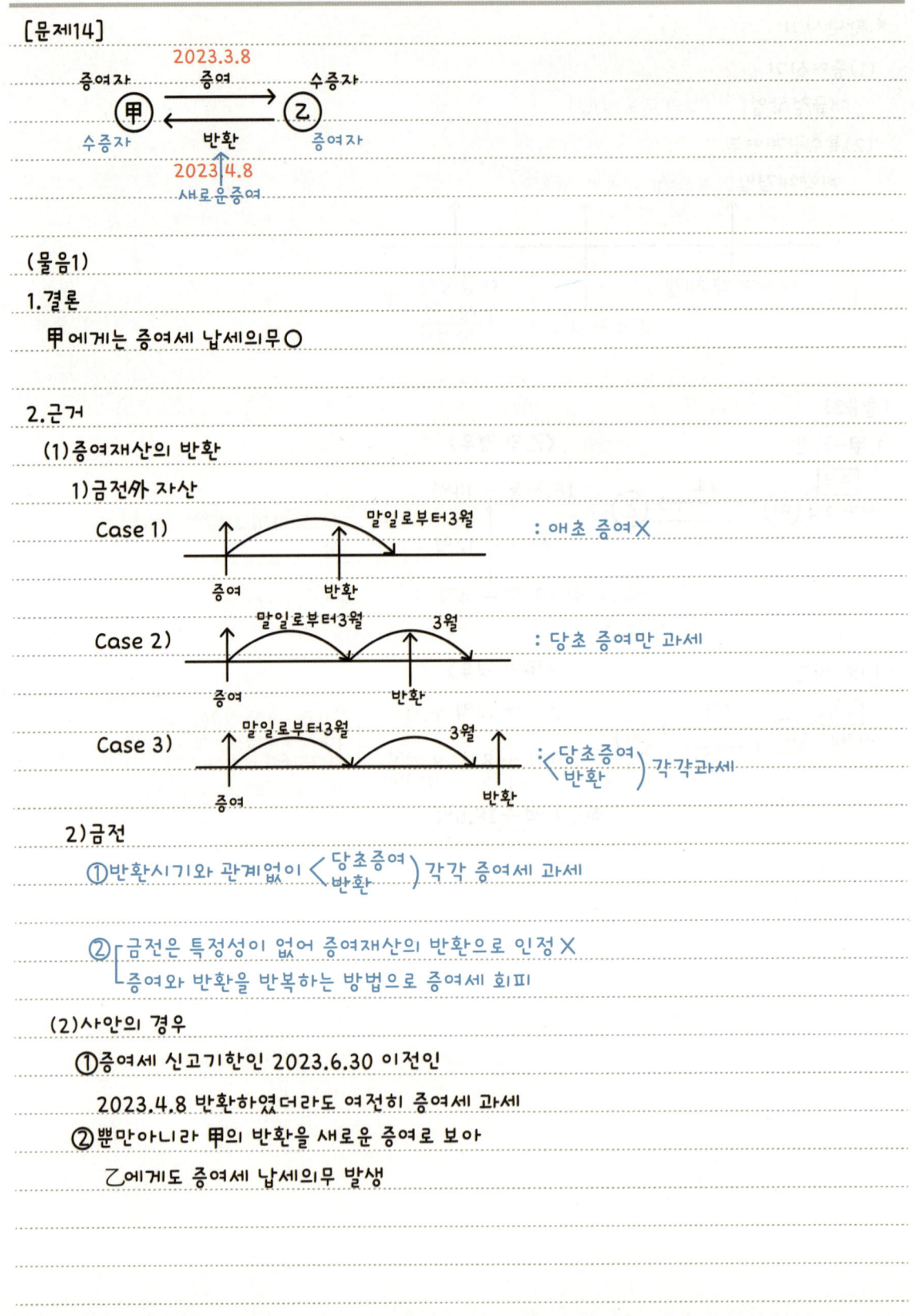

(물음1)
1. 결론
   甲에게는 증여세 납세의무 O

2. 근거
   (1) 증여재산의 반환
   
   1) 금전外 자산
      Case 1) 증여 → 반환 (말일로부터 3월) : 애초 증여 X
      Case 2) 증여 → 반환 (말일로부터 3월, 3월) : 당초 증여만 과세
      Case 3) 증여 → 반환 (말일로부터 3월, 3월) : 〈당초증여 / 반환〉 각각 과세
   
   2) 금전
      ① 반환시기와 관계없이 〈당초증여 / 반환〉 각각 증여세 과세
      ② ┌ 금전은 특정성이 없어 증여재산의 반환으로 인정 X
         └ 증여와 반환을 반복하는 방법으로 증여세 회피
   
   (2) 사안의 경우
      ① 증여세 신고기한인 2023.6.30 이전인
         2023.4.8 반환하였더라도 여전히 증여세 과세
      ② 뿐만아니라 甲의 반환을 새로운 증여로 보아
         乙에게도 증여세 납세의무 발생

(물음2)

→ 연대납세의무(공·분·신)


(물음2-1)

✱ 채무면제 등에 따른 이익의 증여
  유형1) 채권자가 채무를 면제
  유형2) 제3자가 채무를 인수 or 대신변제

✱ 채권자로부터 채무를 면제받은 경우 (유형1)

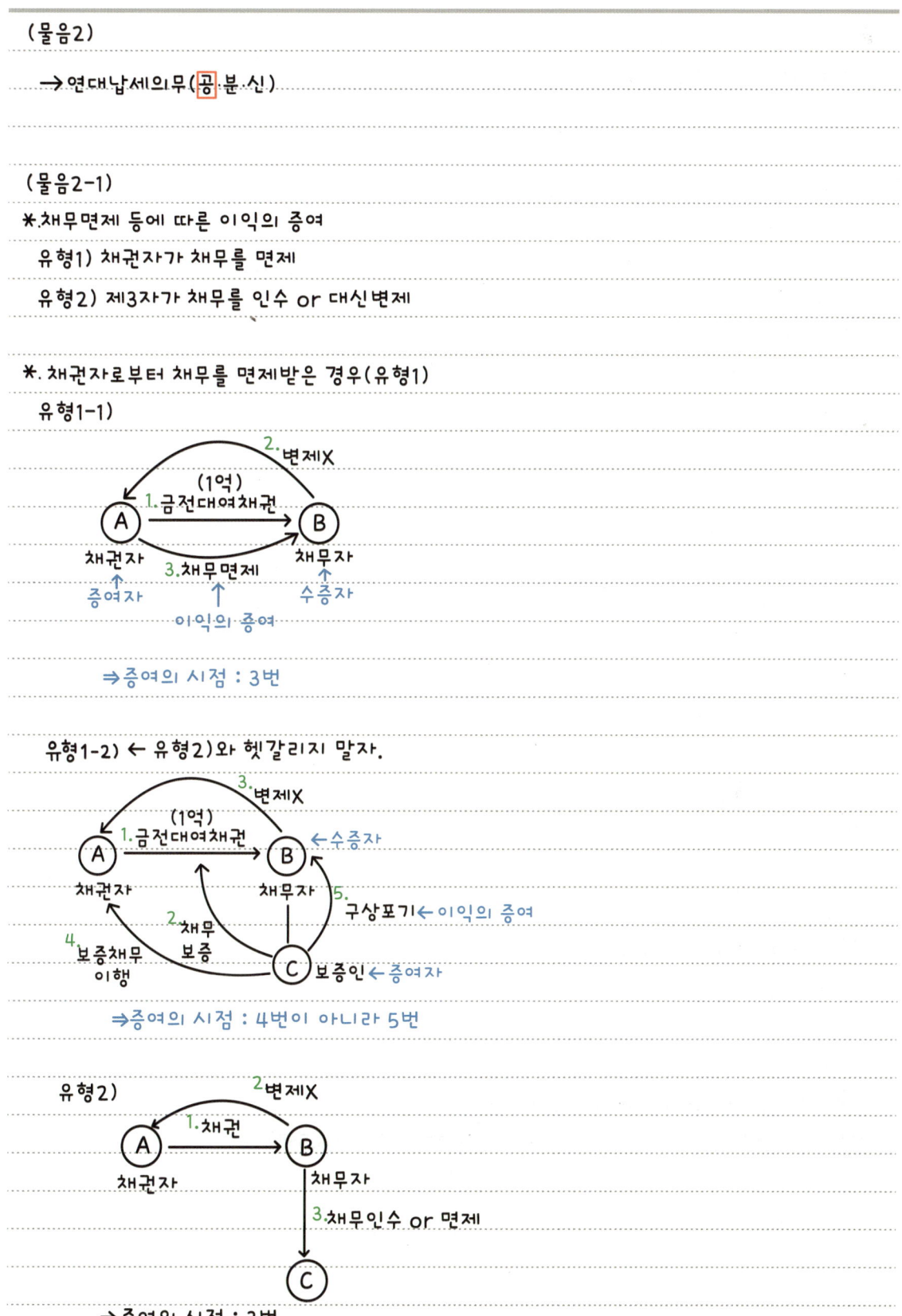

(물음2-2)

1. 부가가치세 구상포기의 경우
   (1) 결론
      甲과 乙은 증여세 납세의무
   (2) 근거
      ┌ 乙은 공동사업자로서 연대납세의무자
      └ 타인의 채무를 대신 변제한 것이 아니라 자신의 채무이행 → 증여 X

2. 보증채무 구상포기의 경우
   (1) 결론
      乙은 증여세 납세의무
   (2) 근거
      채무면제이익에 대하여
      ┌ 丙 : 증여자로      ┐
      ├ 乙 : 수증자로      ├ 평가
      └ 3억 : 증여재산가액  ┘

(물음3)
   ┌ 부동산 담보제공이익
   └ 부동산 무상사용이익

1. 의의
   이익의 증여로 보아 증여세 과세

2. 요건
   ┌ 담 : 1천만원 이상 / 1년마다 갱신
   └ 사 : 1억원 이상 / 5년마다 기산

3. 효과
   ┌ 담 : 차입금 ⊗ 당좌대출이자율 ⊖ 실제지급이자
   └ 사 : 해당부동산가액 ⊗ 1년간 무상사용요율 ⊗ 연금현가(10%, 5년)

                    이자율
   ┌ 담보대출    저리 (2%)  → 부동산담보이용이익
   └ 무담보대출  고리 (6%)     이익의 증여

[문제15]
(물음1)

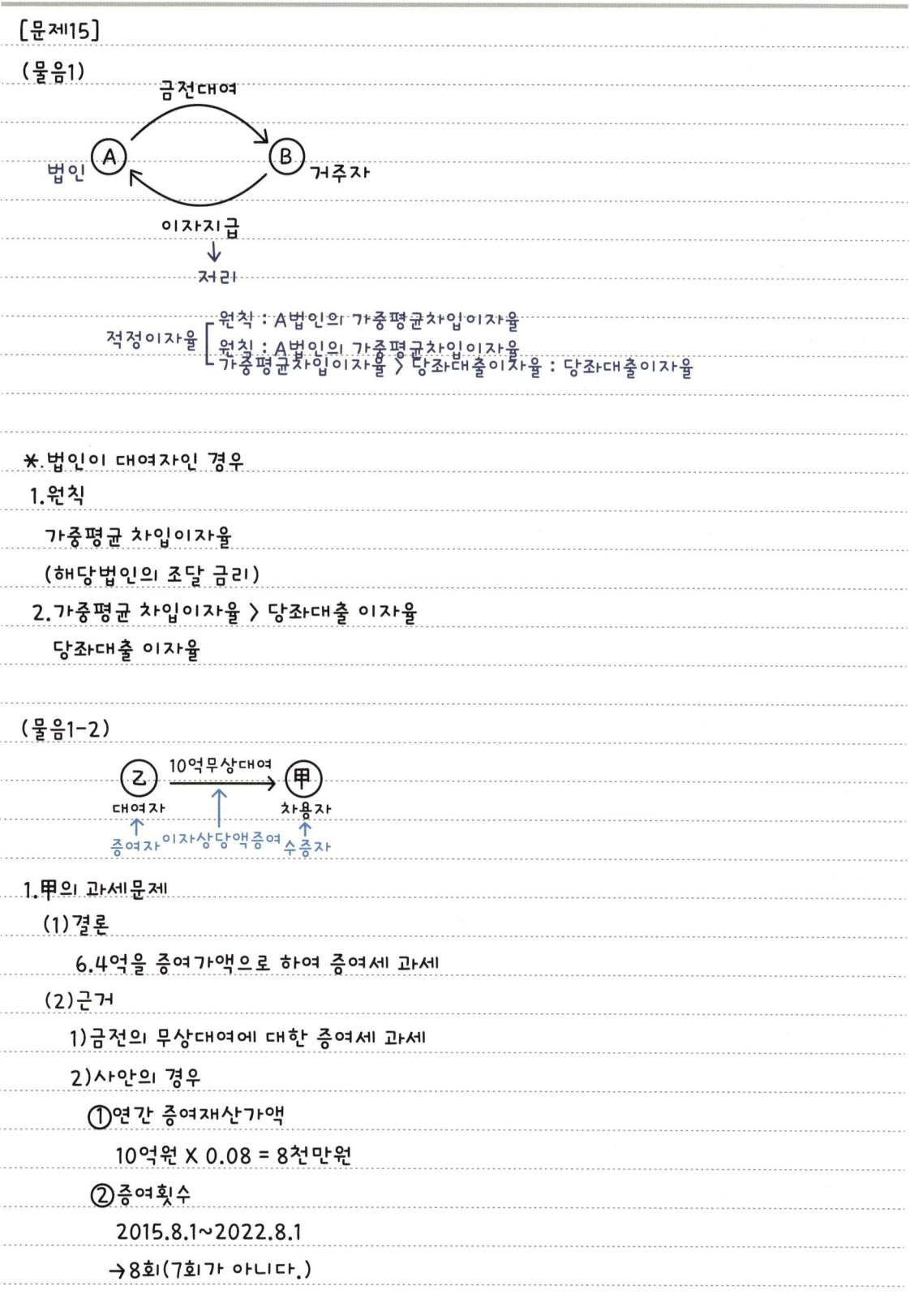

※ 법인이 대여자인 경우
1. 원칙
 가중평균 차입이자율
 (해당법인의 조달 금리)
2. 가중평균 차입이자율 > 당좌대출 이자율
 당좌대출 이자율

(물음1-2)

1. 甲의 과세문제
 (1) 결론
  6.4억을 증여가액으로 하여 증여세 과세
 (2) 근거
  1) 금전의 무상대여에 대한 증여세 과세
  2) 사안의 경우
   ① 연간 증여재산가액
    10억원 × 0.08 = 8천만원
   ② 증여횟수
    2015.8.1 ~ 2022.8.1
    → 8회 (7회가 아니다.)

③ 합산증여

　　8천만원 X 8회 = 6.4억을 과세표준으로 하여
　　초과누진세율 적용

2. 乙의 과세문제
　(1) 소득세
　　1) 결론
　　　과세문제 X
　　2) 근거
　　　┌ 적정이자 수취하지 않았으므로 부계부 문제될 수 있으나,
　　　└ 소득세법상 부계부는 ┌ 출자공동사업자 배당소득 ┐
　　　　　출/배/사/기//양　　├ 사업소득　　　　　　　　├ 에서만 문제
　　　　　　　　　　　　　　　├ 기타소득　　　　　　　　│
　　　　　　　　　　　　　　　└ 양도소득　　　　　　　　┘

　(2) 증여세
　　1) 결론
　　　과세문제 X
　　2) 근거
　　　┌ 증여자의 연대납세의무
　　　└ 이익의 증여시 ┌ 보험금 ┐ 에서만 문제
　　　　　　　　　　　 └ 신탁이익 ┘

(물음2)
※. 재산취득 후 재산가치증가에 따른 이익의 증여
1. 과세요건
　(1) 재산취득자
　　무자력자
　(2) 재산취득 유형
　　1) 재산증여　　　　　┐
　　2) 내부정보 제공 재산취득 ├ 특수관계자로부터
　　3) 담보제공 재산취득　 ┘

(3) 5년 內 재산가치 증가
(4) 현저한이익

min[㊀,㊁]

- ㊀ 취득가액 30%
- ㊁ 3억원

2. 증여재산가액의 계산

| | |
|---|---|
| 현재의 재산가액 | 22억 |
| (-) 취득가액 | 3억 |
| (-) 통상적인 가치증가분 | 0.3억 |
| (-) 가치증가 지출비용 | 0.5억 |
| = 가치증가액 | 18.2억 |

[문제16]

※. 전환사채 등 주식전환 등 이익의 증여

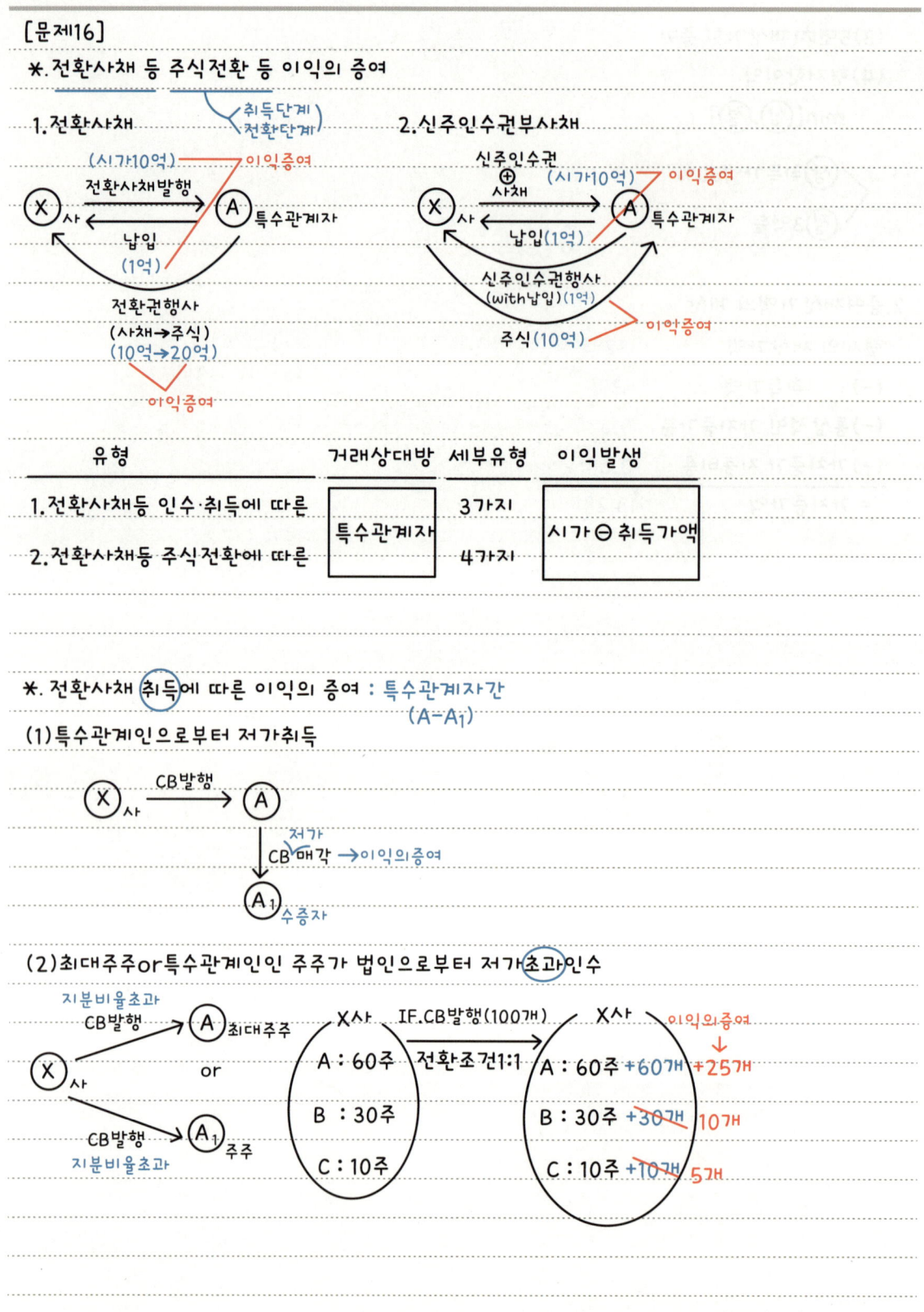

(3) 주주 아닌 최대주주의 특수관계인이 법인으로부터 저가인수

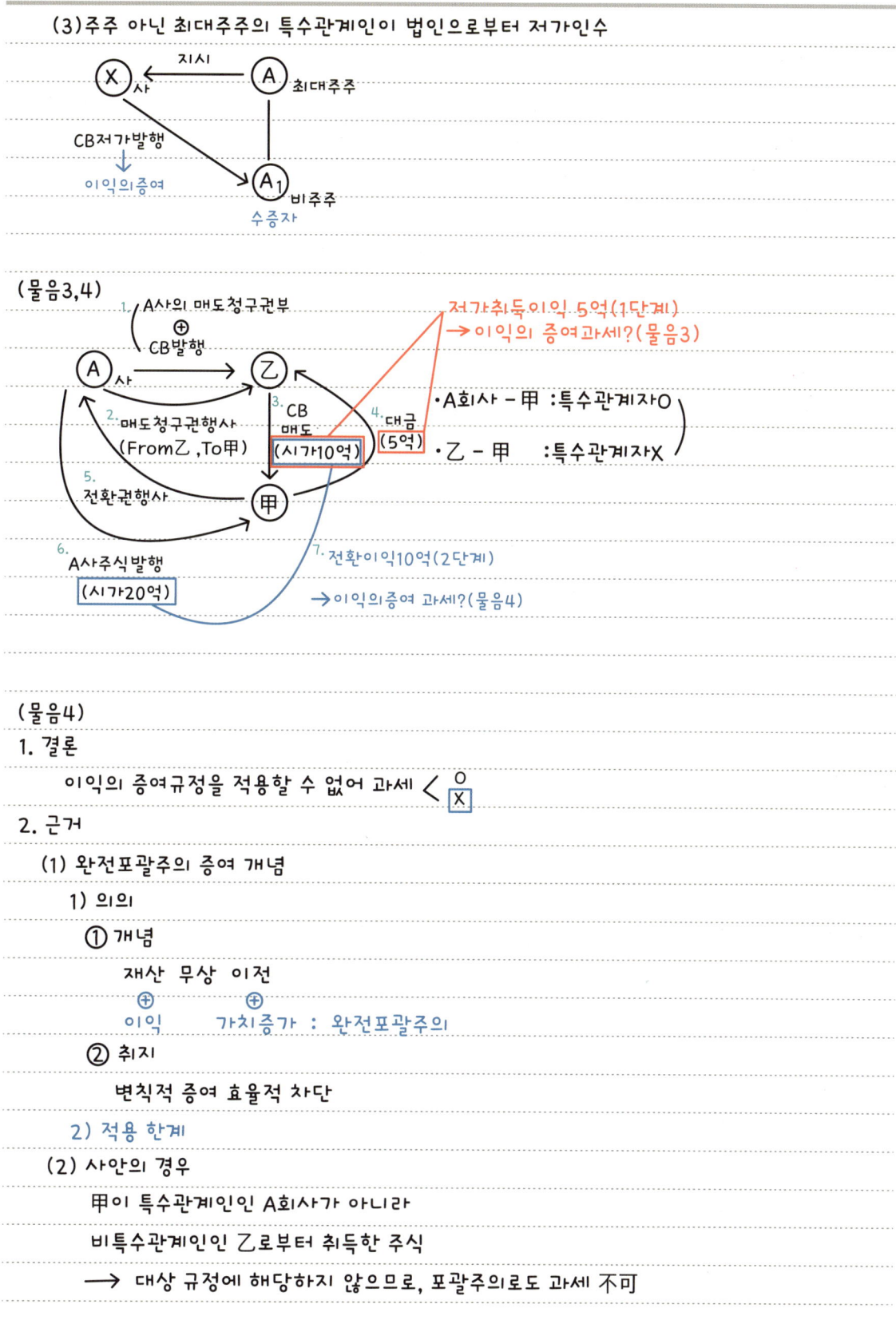

(물음4)
1. 결론

　이익의 증여규정을 적용할 수 없어 과세 [O/X]

2. 근거

　(1) 완전포괄주의 증여 개념

　　1) 의의

　　　① 개념

　　　　재산 무상 이전
　　　　⊕　　　⊕
　　　　이익　　가치증가 : 완전포괄주의

　　　② 취지

　　　　변칙적 증여 효율적 차단

　　2) 적용 한계

　(2) 사안의 경우

　　甲이 특수관계인인 A회사가 아니라

　　비특수관계인인 乙로부터 취득한 주식

　　→ 대상 규정에 해당하지 않으므로, 포괄주의로도 과세 不可

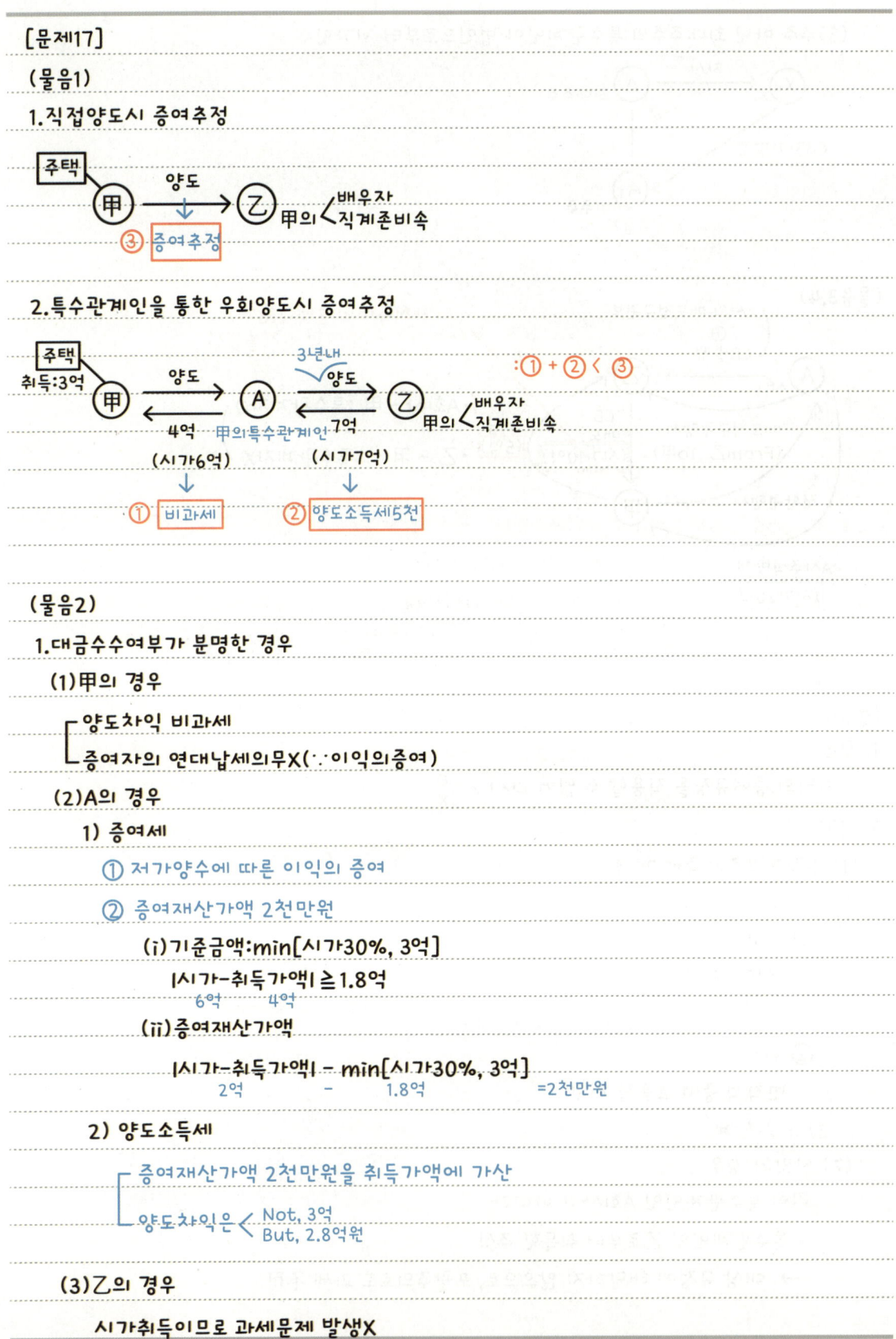

## 2. 대금수수여부가 불분명한 경우

(1) 증여추정 적용 여부: ① + ② < ③
                        ↑    ↑   ↑
                     비과세 5천 1억

(2) 甲의 경우
- 원칙: 증여자로서 납세의무 X
- 수증자 乙이 증여세 미납시 연대납세의무 O (∵ 재산의 증여)
                       조건부

(3) A의 경우

    양도소득세 환급가능
        ↖ 양도차익

(4) 乙의 경우

    수증자로서 증여세 납세의무

- 우회양도시 증여추정
- 저가 양수에 따른 이익의 증여
- 증여자의 연대납세의무

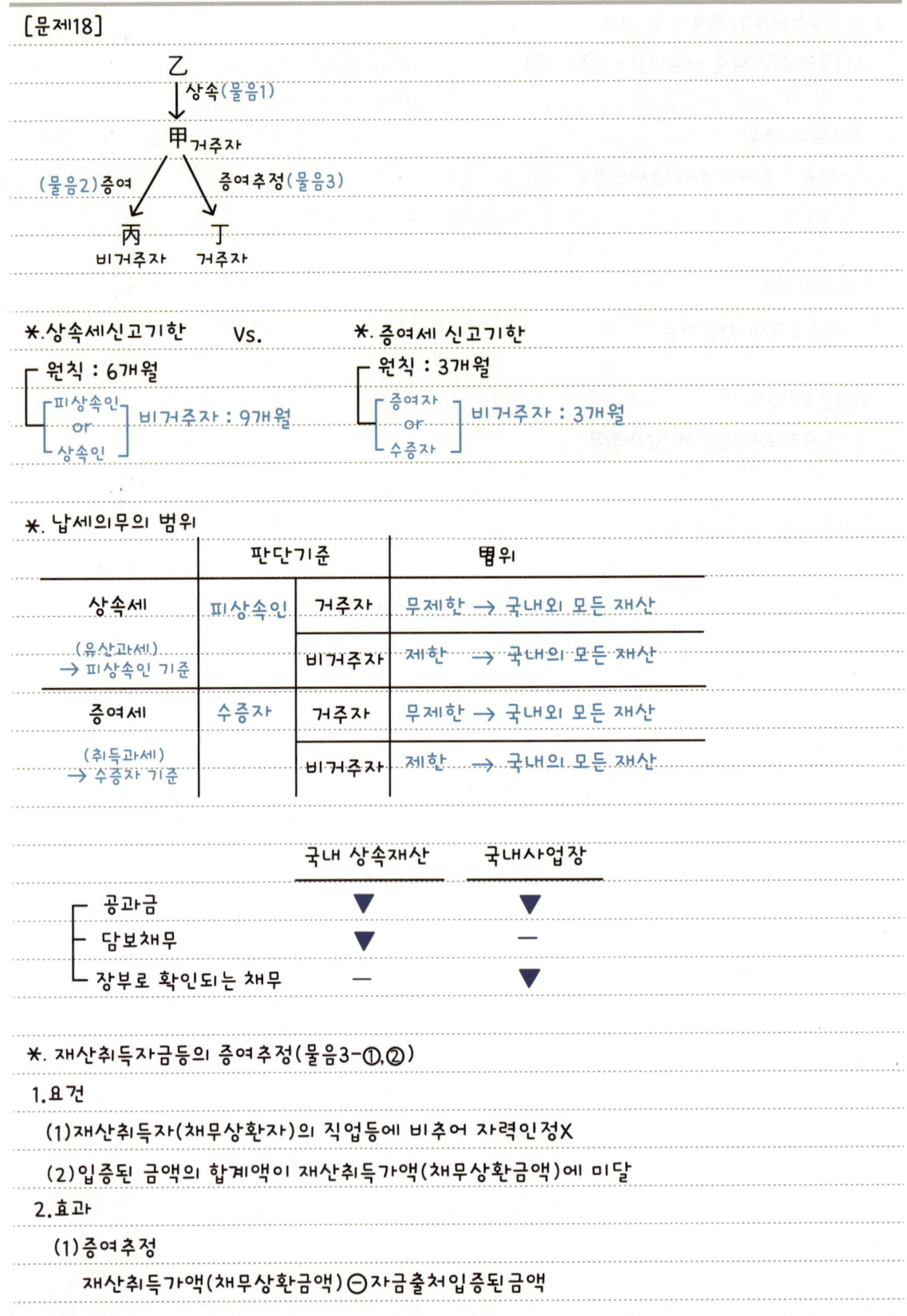

(2) 증여추정배제
  1) 10년내 / 5천만원이상 ~ 국세청장이 정하는금액 이하
  2) 미입증금액 < min[재산취득가액(채무상환금액)⊗20%, 2억]
(3) 증명책임의 분배
  1) 과세관청 입증
    ┌ 수증자의 자력없음 ┐
    └ 증여자의 자력있음 ┘
  2) 납세의무자
    수증자의 자력있음

※. 실명확인계좌 보유재산 증여추정 (물음3-③)
1. 요건
  (1) 금융실명법 or 유사한 외국법령상 실명확인
  (2) 명의자
  (3) 보유금액

2. 효과
  (1) 증여추정
    명의자 보유금액 취득추정 ──자력인정 X──▶ 증여추정
                (1단계)                    (2단계)

  (2) 증여추정배제
    차명계좌 입증
  (3) 증명책임의 분배
    1) 과세관청 ← 증여추정 요건
       &┌ step1) 실명확인계좌 보유자
        └ step2) 수증자(보유자)의 자력없음
                 & 증여자의 자력있음

    2) 납세의무자 ← 증여추정 번복 요건
       OR┌ step1) 차명계좌
         └ step2) 수증자의 자력있음

[문제19]

(물음1-①)

1. 명의신탁시, 조세회피목적 추정

   (1) 원칙

   추정한다.

   (2) 예외

   추정되지 않는 경우

   1) 매매 → 양도소득 과세표준신고 or 증권거래신고

   2) 상속 → 상속세 과세표준 신고

   ⇒ 아직 명의개서 하지 않았더라도, 조세회피목적 인정 X

※ 무상증자 : ┌ 주주들에게 공짜로 주식 나눠준다.
           └ 대가없이, 자본금증가

B/S
자산 1,000억 | 부채 300억
              자본금 = 발행주식수 ⊗ 액면금 : 200억 (200주 × 1억)
              자·잉
              이·잉  } 500억
              기타
순자산 : 700억 (자본)

100% 무상증자 → 100주 추가발행

B/S
자산 1,000억 | 부채 300억
              자본금 400억
              400주 × 1억
              = 발행주식수 × 액면금
              } 300억
순자산 : 700억 (자본)

(물음1-②)

※ 명의신탁 증여의제

1. 결론

　별도의 증여세 과세대상X

2. 근거

　(1) 무상증자의 성격

　　무상증자 전후 발행주식수만 증가할뿐

　　실질적 재산가치 변함X

　(2) 사안의 경우

　　무상증자로 발행된 신주는 구주와 동일성이 인정되어

　　새로운 명의신탁에 해당X

(물음2)

1. 원칙

영리법인: 자산수증이익 〈Not 증여세, But 익금산입하여 법인세〉 ∵ 소득과세우선원칙

주주: 주식가치증가에 따른 이익
- 증여세X
- 주식양도시 양도소득세O
- 배당시 배당소득세O

2. **특례** : 이익증여에 따른 증여의제 → 증여세 과세O

  (1) 특관거래

  (2) 특관기회

  (3) 특정거래

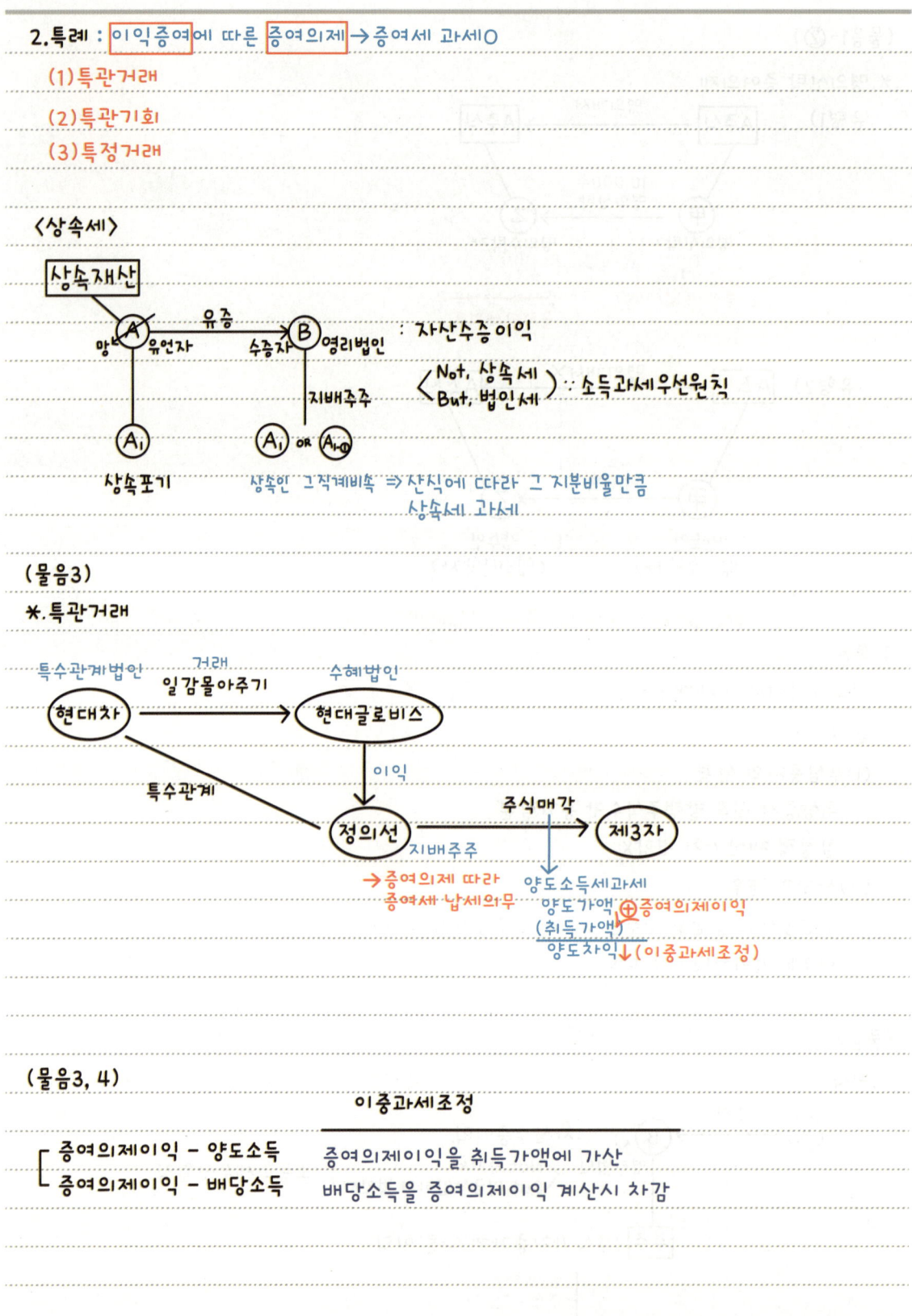

(물음3, 4)

| | 이중과세조정 |
|---|---|
| 증여의제이익 - 양도소득 | 증여의제이익을 취득가액에 가산 |
| 증여의제이익 - 배당소득 | 배당소득을 증여의제이익 계산시 차감 |

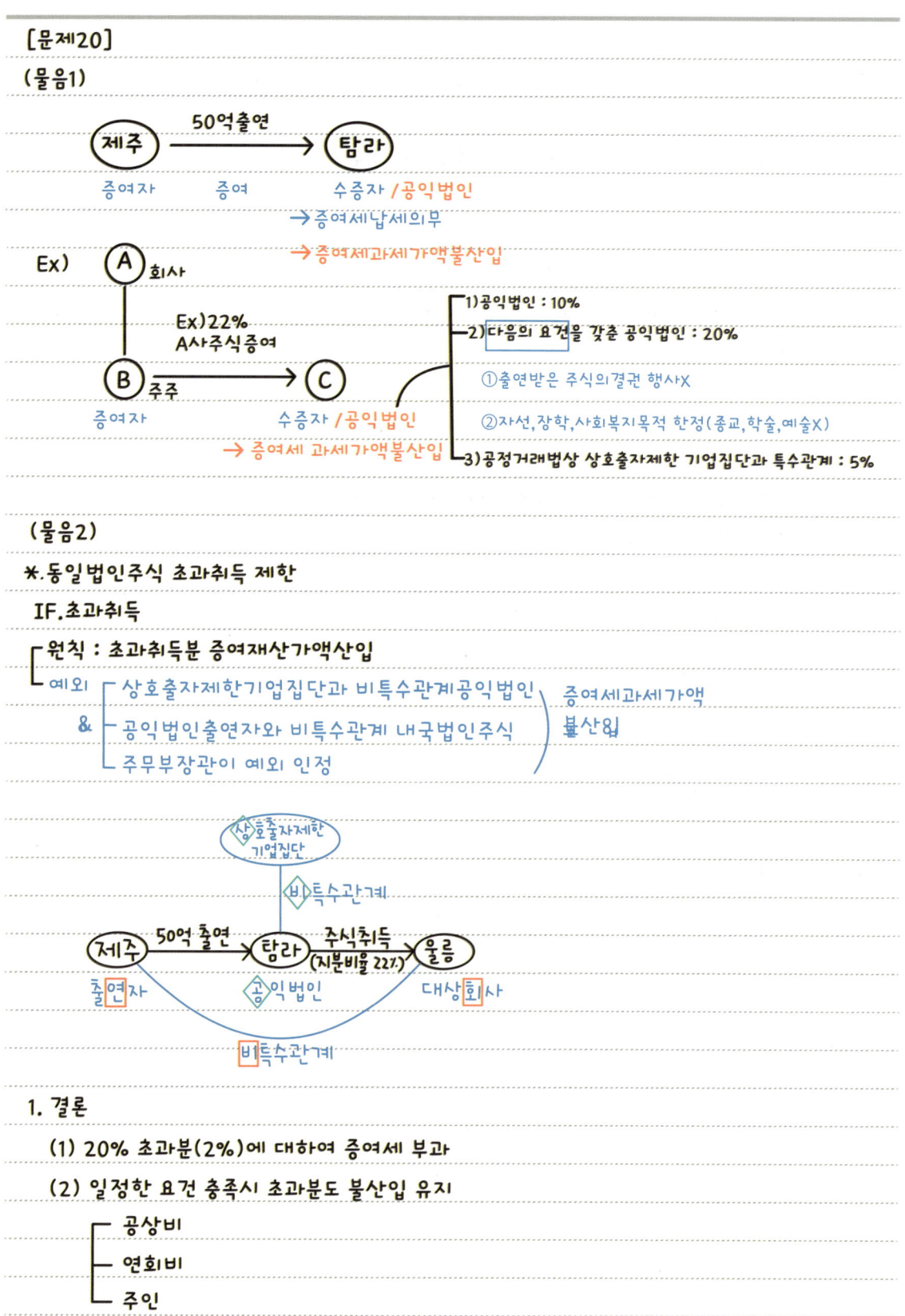

2. 근거
   (1) 동일법인 주식 등의 초과 취득 제한
   1) 요건
      ① 출연받은 재산으로 내국법인의 주식을 취득하는 경우
      ② 허용되는 주식 비율
         (i) 원칙 : 10%
         (ii) 일정 요건충족 시 : 20%
         #의자장사
         (iii) 상호출자제한기업집단과 특수관계 있는 공익법인 : 5%
   2) 효과
      ① 원칙
         초과부분 취득시 사용한 재산가액은 증여세 과세
      ② 예외  #공상비/연회비/주인
         (i) 공익법인 - 상호출자제한기업집단 : 비특수관계
         (ii) 출연자 - 대상회사 : 비특수관계
         (iii) 주무관청이 주식취득이 필요하다고 인정
           -> 초과부분에 대하여도 과세가액 불산입
   (2) 사안의 경우
      1) 탐라 - 상호출자제한 기업집단과 비특수관계
      2) 제주 - 울릉 비특수관계
      3) 주무부장관이 필요하다고 인정한다면 2% 부분도 과세가액 불산입 적용


(물음4)
   국가 등 ─┬─ 국가
           ├─ 지자체
           └─ 동일 공익법인

# 부록

## 부록 세법학 '앞글자 정리사항'

| 구분 | 주제 | | 앞글자 | 내용 |
|---|---|---|---|---|
| 제1편<br>국기법 | 과세요건 일반 | | 대/ 의/ 표/ 세 | • 과세대상<br>• 납세의무자<br>• 과세표준<br>• 세율 |
| | 송달요건<br>(교부송달/우편송달) | | 상/ 장/ 방 | • 상대방<br>• 장소<br>• 방법 |
| | 특수관계인 | | 친/ 제/ 영 | • 친족관계<br>• 경제적 연관관계<br>• 경영지배관계 |
| | 실질과세원칙 | | 귀/ 거/ 경 | • 귀속에 관한 실질과세<br>• 거래내용에 관한 실질과세<br>• 경제적 실질에 관한 실질과세 |
| | | | 법인세법에서는 귀/ 거 | |
| | 신의칙 | 과세관청에<br>대한 | 표/ 책/ 행/ 반 | • 과세관청의 공적인 견해표명<br>• 상대방에게 귀책사유 없을 것<br>• 신뢰에 기초한 상대방의 행위<br>• 선행조치에 반하는 후행처분 |
| | | 납세자에<br>대한 | 모/ 배/ 보 | • 선행행위와 모순되는 행위<br>• 납세자의 심한 배신행위로 평가<br>• 과세관청의 신뢰에 보호가치 인정 |
| | 사기 기타 부정한 행위<br>(제척기간 10년) | | 이/ 거/<br>고/ 장/ 은/<br>전/ 기 | • 이중장부의 작성 등 장부의 허위기장<br>• 거짓증빙 또는 거짓문서의 작성 및 수취<br>• 고의적인 장부 미작성 또는 미비치 등<br>• 장부와 기록의 파기<br>• 재산의 은닉, 소득·수익·행위·거래의 조작 또는 은폐<br>• 전자세금계산서 또는 ERP 시스템의 조작<br>• 기타 위계 또는 부정한 행위 |
| | 소멸시효 기간 | | 오/ 이/ 십 | • 5억원(지방세에서는 5천만원)<br>• 이상은<br>• 10년 |

| 구분 | 주제 | | 앞글자 | 내용 | |
|---|---|---|---|---|---|
| 제1편 국기법 | 납세의무 확장 | 납세의무의 승계 | 승 / 합 / 상 | * 납세의무의 **승**계<br>• **합**병<br>• **상**속 | |
| | | 연대납세의무 | 연 / 공 / 분 / 신 | * **연**대납세의무<br>• **공**유·공동사업<br>• **분**할<br>• **신**회사설립 | |
| | | 제2차 납세의무 | 2 / 청 / 출 / 법 / 사 | * 제**2**차 납세의무<br>• **청**산인<br>• **출**자자<br>• **법**인<br>• **사**업양수인 | |
| | 국세우선의 제한 | 항상 국세보다 우선 | 공 / 삼 / 당 | • **공**익비용<br>• **3**개월치 임금(3년치 퇴직금, 소액임차보증금)<br>• **당**해세 | |
| | | 담보물권과의 관계 | 저당권설정기일 > 국세법정기일 | 담 / 임 / 세 / 채 | • **담**보물권<br>• **임**금채권<br>• 국**세**<br>• 일반**채**권 |
| | | | 국세법정기일 > 저당권설정기일 | 세 / 담 / 임 / 채 | • 국**세**<br>• **담**보물권<br>• **임**금채권<br>• 일반**채**권 |
| | 물적납세의무 요건 | | 후담 / 설 체 / 통담소 / 다부 | • 법정기일 이**후** 양도**담**보계약 설정<br>• 양도담보**설**정자가 국세 등을 **체**납<br>• 물적납세의무 **통**지 당시 양도**담**보권자 **소**유<br>• 양도담보설정자의 **다**른 재산으로 징수**부**족 | |
| | 신고요건 | 기한 후 신고 | 적 / 대 / 한 | • 신고인**적**격<br>• 신고**대**상<br>• 신고기**한**<br>• 청구인**적**격<br>• 청구**대**상<br>• 청구기**한** | |
| | | 수정신고 | | | |
| | 경정청구 요건 | 통상적 | | | |
| | | 후발적 | | | |
| | 후발적 경정청구 대상 | | 판 / 다 / 상 / 귀 / 취 / 해 / 소 / 유<br><br>(지방세에서는<br>판 / 상 / 취 / 해 / 소 / 유 ) | • **판**결 등에 의해 다른 것으로 확정<br>• **다**른 세목이나 과세기간의 과세표준 및 세액 초과결정<br>• 조세조약 **상**호합의<br>• 소득·과세물건 **귀**속을 제3자에게로 변경결정 | |
| | | | | • 허가 등이 **취**소<br>• 계약의 **해**제<br>• 과세표준·세액계산 불가사유 **소**멸<br>• 기타 **유**사한 사유 | 대통령령으로 정하는 사유 |

| 구분 | 주제 | 앞글자 | 내용 |
|---|---|---|---|
| 제1편 국기법 | 천재지변 등 기한연장사유 (가산세 면제사유) | 재/ 육/ 사 정/ 금/ 압/ 세/ 준 | • 천재지변, 화재, 그 밖의 재해 또는 도난<br>• 납세자 또는 동거가족이 6개월 이상 치료 또는 사망<br>• 한국은행, 우체국 정보통신망의 정상적인 가동 불가능<br>• 금융회사 등의 부득이한 사유로 세금납부 곤란<br>• 장부나 서류의 압수 등<br>• 세무사나 공인회계사의 화재, 그 밖의 재해 또는 도난<br>• 그 밖에 이에 준하는 사유 |
| | 가산세 면제사유 | 기/ 정/ 질/ 수/ 실 | • 기한연장사유<br>• 의무불이행을 탓할 수 없는 정당한 사유<br>• 세법해석 질의회신에 따라 신고납부 후 번복된 과세처분<br>• 토지수용 등 세법상 의무이행 불가능<br>• 실손의료보험금 관련 수정신고 |
| | 정기 세무조사 사유 | 성/ 사/ 무 | • 성실도 분석결과 불성실혐의<br>• 4과세기간 이상 세무조사 받지 않은 경우<br>• 무작위추출방식 표본조사 |
| | 수시 세무조사 사유 | 협/ 사/ 제/ 명/ 금 | • 납세협력의무 불이행<br>• 사실과 다른 거래혐의<br>• 구체적인 탈세제보<br>• 조세탈루혐의 명백한 자료<br>• 세무공무원에 금품제공 |
| | 중복세무조사 허용사유 | 명/ 상/ 2/ 재/ 금/ 부 일/ 타/ 환/ 범 | • 조세탈루혐의 명백한 자료<br>• 거래상대방에 대한 조사<br>• 2이상의 과세기간 관련하여 잘못이 있는 경우<br>• 불복청구에 따른 재조사결정으로 조사를 하는 경우<br>• 세무공무원에게 금품제공<br>• 부분조사 후 불포함된 부분에 대한 조사<br>• 탈세혐의자에 대한 일제조사<br>• 타기관 제공한 자료에 의한 조사<br>• 국세환급금 결정 조사<br>• 조세범처벌법 위반 |
| | 포상금 지급사유 | 탈/ 은/ 명/ 해/ 현/ 신 | • 조세를 탈루한 자에 대한 중요한 자료를 제공한 자<br>• 체납자의 은닉재산을 신고한 자<br>• 타인 명의의 사업체 혹은 금융재산을 신고한 자<br>• 해외금융계좌 의무위반 관련 중요한 자료를 제공한 자<br>• 현금영수증 발급 관련 의무위반 가맹점을 신고한 자<br>• 신용카드 사용 관련 의무위반 가맹점을 신고한 자 |
| 제2편 법인세 | 경정시 과세문제 | 조소/ 경/ 원 | • 세무조정 및 소득처분<br>• 법인세경정<br>• 원천징수 |
| | 사외유출 소득처분 | 배/ 상/ 기/ 기 | • 인정배당<br>• 인정상여<br>• 기타소득<br>• 기타사외유출 |
| | 간주임대료 적용요건 | 영/ 차/ 주/ 보 | • 영리내국법인<br>• 차입금 과다법인<br>• 부동산 임대업을 주업<br>• 부동산 등 대여 후 보증금 수령 |

| 구분 | 주제 | 앞글자 | | 내용 | |
|---|---|---|---|---|---|
| 제2편 법인세 | 부당행위계산부인 요건 | 당/객/결 | | • **당**사자 요건 : 특수관계자간 거래<br>• **객**관적 요건 : 경제적 합리성 없을 것<br>• **결**과적 요건 : 조세부담 감소 | |
| | 부당행위계산부인에서 현저한 이익분여가 문제되는 경우 | 손익거래 | 고/수/차<br>저/도/대 | • **고**가양**수**, **고**가**차**용<br>• **저**가양**도**, **저**가**대**여 | 법인세/<br>소득세 공통 |
| | | 기준금액 | 손/5/삼 | • **손**익거래는 min [시가 **5**%, **3**억원] | |
| | | | 자/30/삼 | • **자**본거래는 min [시가 **30**%, **3**억원] | 법인세에서만 |
| | 손금 중 손비의 요건 | 사통/수 | | • **사**업관련성 & **통**상성<br>　　or<br>• **수**익관련성(사업관련성 없는 경우에도) | |
| | 손금의 구분<br>(접대비, 기부금,<br>광고선전비, 판매부대비용) | 상/목/한 | | • **상**대방<br>• **목**적<br>• **한**도 | |
| | 신고조정사항 대손금 | 소/면/경 | | • 법률상 **소**멸시효 완성채권(상법/어음법/수표법/민법)<br>• **면**책결정으로 회수불능 확정된 채권<br>• **경**매취소된 압류채권 | |
| | 채무보증구상채권 중 대손처리가 가능한 경우 | 공/금/위/신/건/해 | | • **공**정거래법에 따른 채무보증<br>• 일정한 요건을 갖춘 **금**융회사 등이 행한 채무보증<br>• 대중소기업 상생법에 따라, **위**탁기업이 수탁기업에 대하여 행한 채무보증<br>• **신**용보증사업을 하는 법인이 행한 채무보증<br>• **건**설회사가 건설업 관련하여 요건을 갖춰 행하는 채무보증<br>• **해**외자원개발사업 관련 현지법인에 대한 채무보증 | |
| | 손익인식기준 | 발/확/실/현 | | • **발**생주의 : 거래의 발생<br>• 권리의무**확**정주의 : 실현가능성의 성숙·확정<br>• **실**현주의 : 수익의 실현<br>• **현**금주의 : 현금수령 | |
| | 자산·부채의 평가가 허용되는 경우 | 법증/재/유/외/손 | | • 법률에 따른 평가**증**<br>• **재**고자산의 평가<br>• **유**가증권의 평가<br>• 화폐성 **외**화자산<br>• 자산의 평가**손**실 | |
| | | 재/유/주 | | ＊자산의 평가손실이 인정되는 경우<br>• **재**고자산<br>• **유**형자산<br>• **주**식 | |
| | 적격합병요건 | 합당/지연/사계/고계 | | • **합**병의 **당**사자<br>• **지**분의 **연**속성<br>• **사**업의 **계**속성<br>• **고**용의 **계**속성 | 의제배당<br>과세이연요건 → 합당/지<br>합병법인의 과세이연 중단사유 → 연/사계/고계 |

| 구분 | 주제 | 앞글자 | 내용 | | |
|---|---|---|---|---|---|
| 제2편<br>법인세 | 적격분할요건 | 분당/지 연/ 사계 /고 계 | • **분**할의 **당**사자<br>• **지**분의 **연**속성<br>• **사**업의 **계**속성<br>• **고**용의 **계**속성 | 의제배당<br>과세이연요건 | 분당/지 |
| | | | | 분할신설법인의<br>과세이연<br>중단사유 | 연/ 사계 /고 계 |
| | 추계조사방식 | 기/ 동/ 단 | • **기**준경비율<br>• **동**업자권형<br>• **단**순경비율(수입금액 일정기준 미달시) | | |
| | 추계결정시<br>납세의무자의 불이익 | 상/ 이/ 외/ 간/ 조/ 감/ 무 | • 소득금액에 대한 **상**여처분<br>• **이**월결손금 공제배제<br>• **외**국납부세액 공제배제<br>• **간**주임대료의 계산<br>• **조**특법상 각종 감면배제<br>• **감**가상각의제<br>• **무**기장가산세 부과 | | |
| | 청산소득 계산시<br>자기자본 | 자/ 잉/ 유/ 결/ 환 | • **자**본금<br>• 자본**잉**여금, 이익**잉**여금<br>• (+/−) **유**보<br>• **결**손금<br>• **환**급법인세 | | |
| | 비영리법인의 수익사업 | 사/ 금/ 주/ 고/<br>기/ 부/ 채 | • **사**업소득<br>• **금**융소득(이자소득, 배당소득)<br>• **주**식 등 양도소득<br>• **고**정자산 처분소득<br>• **기**타자산 양도소득<br>• **부**동산에 관한 권리 등 양도소득<br>• **채**권매매차익 | | |
| | 고유목적사업준비금 환입 | 해/ 취/ 거/ 폐/ 미/ 스/ 외 | • 비영리내국법인 **해**산<br>• 승인**취**소<br>• **거**주자로 변경<br>• 고유목적사업 **폐**지<br>• 계상 후 5년내 **미**사용<br>• **스**스로 익금계상<br>• 고유목적사업 **외** 용도로 지출 | | |
| | 외국법인의 요건 | 설/ 유/ 내 | • **설**립된 국가의 법에 따라 법인격부여<br>• 구성원이 **유**한책임사원<br>• 외국단체와 동종단체가 국**내**법상 회사 | | |
| 제3편<br>소득세 | 소득세 과세방법 | 원/ 말/ 종 | • **원**천징수<br>• 연**말**정산<br>• **종**합소득신고 | | |
| | 금융소득 중<br>무조건 분리과세 | 경/ 직/ 비실/ 수 미/ 조 | • **경**매보증금 반환시 이자소득<br>• **직**장공제회 초과반환금<br>• **비실**명 이자·배당<br>• **수익미**배분 단체가 금융회사로부터 받는 금융소득<br>• **조**특법상 분리과세 금융소득 | | |

| 구분 | 주제 | 앞글자 | 내용 |
|---|---|---|---|
| 제3편<br>소득세 | 사업소득의 사업성 | 영/ 계/ 반/ 독<br><br>부가가치세법은<br>계/ 반/ 독 | • **영**리성<br>• **계**속성<br>• **반**복성<br>• **독**립성 |
| | 근로소득 비과세 | 학/ 식/ 출/ 연/ 외<br>실/ 발/ 보/ 복/ 기 | • **학**자금<br>• **식**사 또는 식대<br>• **출**산보육수당<br>• **연**장근로수당<br>• 국**외**근무수당<br>• **실**비변상적 성격<br>• 직무**발**명보상금<br>• 법정 **보**상금 성격<br>• **복**리후생적 성격<br>• **기**타의 비과세 |
| | 위약금·배상금의<br>기타소득 과세요건 | 재/ 위/ 넘 | • **재**산권에 관한 계약<br>• 계약**위**반을 원인<br>• 원래의 급부를 **넘**는 금액 |
| | 기타소득 중<br>무조건 분리과세 | 당/ 서/ 외 | • **당**첨금(복권, 승마투표권, 슬롯머신 등)<br>• **서**화·골동품 양도소득<br>• 연금계좌에서 연금 **외** 수령 |
| | 부당행위계산부인<br>적용대상 | 출배 /사 /기 /양 | • **출**자공동사업자의 **배**당소득<br>• **사**업소득<br>• **기**타소득<br>• **양**도소득 |
| | 결손금 통산 순서 | 사/ 근/ 연/ 기/ 이/ 배 | • **사**업소득<br>• **근**로소득<br>• **연**금소득<br>• **기**타소득<br>• **이**자소득<br>• **배**당소득 |
| | 결손금 소급공제 | 중/ 사/ 확/ 신/ 납<br>(법인은 중/ 확/ 신/ 납 ) | • **중**소기업을 경영하는 거주자 또는 내국법인<br>• **사**업소득에서 발생한 결손금(부동산임대업 제외)<br>• 당해 사업연도와 직전 사업연도 **확**정신고<br>• 신고기한 내 환급**신**청<br>• 전년도 **납**입금액 존재 |
| | 주된 공동사업자 판단 | 손/ 외/ 직/ 신/ 정 | • **손**익분배비율 큰 사업자<br>• 공동사업 **외** 종합소득금액 큰 사업자<br>• **직**전 사업연도 종합소득금액 큰 사업자<br>• 종합소득 확정**신**고한 사업자<br>• 세무서장이 **정**하는 사업자 |
| | 연말정산대상 소득 | 종류 — 근/ 사/ 종/ 연 | • **근**로소득(상용근로자)<br>• **사**업소득(영세사업자)<br>• **종**교인소득(사업소득 연말정산규정 준용)<br>• **연**금소득(공적 연금소득) |
| | | 사업소득의<br>경우 — 방/ 음/ 보 | • **방**문판매원<br>• **음**료품 배달판매원<br>• **보**험모집인 |

| 구분 | 주제 | | 앞글자 | 내용 | |
|---|---|---|---|---|---|
| 제3편 소득세 | 국내 원천소득 | 외국법인 | 이/ 배/ 부/ 선/ 사/ 인/ 양/ 료/ 유/ 기 | • 이자소득<br>• 배당소득<br>• 부동산소득<br>• 선박 등 임대소득<br>• 사업소득<br>• 인적용역소득<br>• 양도소득<br>• 사용료 소득<br>• 유가증권양도소득<br>• 기타소득 | |
| | | 비거주자 | 이/ 배/ 부/ 선/ 사/ 인/ 양/ 료/ 유/ 기/ 근/ 퇴/ 연 | • 근로소득<br>• 퇴직소득<br>• 연금소득 | 비거주자의 경우 근/ 퇴/ 연 추가 |
| | 양도소득세 과세대상 자산 | | 부/ 부/ 기/ 주/ 파/ 신 | • 부동산(토지 및 건물)<br>• 부동산에 관한 권리<br>• 기타 자산(특정주식 A·B, 특정시설물이용권, 고정자산과 함께 양도하는 영업권, 부동산과 함께 양도하는 이축권)<br>• 주식 또는 출자지분<br>• 파생상품<br>• 신탁수익권 | |
| | 1세대 2주택 비과세특례 | | 거/ 부/ 혼/ 상/ 문/ 농/ 부 | • 거주이전<br>• 부모봉양<br>• 혼인<br>• 상속<br>• 문화재주택<br>• 농어촌주택<br>• 부득이한 사유 | ▶ 종전주택<br>▶ 먼저 양도하는 주택<br>▶ 먼저 양도하는 주택<br>▶ 일반주택<br>▶ 일반주택<br>▶ 일반주택<br>▶ 일반주택 |
| | 이월과세 | | 이월/ 부 특/ 직배 | * 이월과세<br>• 대상자산 : 부동산, 특정시설물이용권<br>• 수증자 : 직계존비속, 배우자 | |
| | 출국세 환급 or 취소 사유 | | 거/ 증/ 상 | • 재입국하여 거주자가 되는 경우<br>• 거주자에게 증여한 경우<br>• 상속인에게 상속이 이루어진 경우 | 출국일로부터 5년 (유학시 10년) 내 |
| 제4편 상증세 | 총상속재산 | | 본/ 간/ 추/ 총 | • 본래상속재산<br>• 간주상속재산<br>• 추정상속재산<br>⇒ 총상속재산 | |
| | 간주상속재산 | | 보/ 신/ 퇴/ 간 | • 보험금<br>• 신탁재산<br>• 퇴직금<br>⇒ 간주상속재산 | |
| | 상속포기자의 상속세 납세의무 | | 사/ 간/ 추/ 영/ 포 | • 사전증여재산<br>• 간주상속재산<br>• 추정상속재산<br>• 유증받은 영리법인의 주주<br>⇒ 상속포기자의 납세의무 | |

| 구분 | 주제 | | 앞글자 | 내용 | |
|---|---|---|---|---|---|
| 제4편 상증세 | 상속추정 | 사유 | 처/ 인/ 채 | • 재산**처**분<br>• 재산**인**출<br>• **채**무부담 | |
| | | 금액요건 | 처/ 인/ 별 | • 재산**처**분<br>• 재산**인**출<br>⇒ 재산종류**별** 판단 | 1년 내 2억원<br>2년 내 5억원 |
| | | | 부/ 합 | • 채무**부**담<br>⇒ **합**산하여 판단 | |
| | 상속세 대물적 비과세 | | 국/ 제/ 정/ 근/ 불/ 상 | • **국**가 등에 유증한 재산<br>• **제**사주재 상속인의 관련재산(금양임야, 묘토, 족보와 제구)<br>• **정**당에 유증한 재산<br>• **근**로복지기금 등에 유증한 재산<br>• **불**우이웃돕기 등으로 유증한 재산<br>• **상**속인이 상속세 신고기한까지 국가 등에 증여한 재산 | |
| | 증여세 비과세 | | 국/ 장/ 정/ 근/ 불/ 우 | • **국**가 등에 증여 또는 국가 등으로부터 증여받은 재산<br>• **장**애인이 연간 4000만원 이하 보험금 수령<br>• **정**당이 증여받은 재산<br>• **근**로복지기금 등이 증여받은 재산<br>• **불**우이웃돕기 등으로 증여받은 재산<br>• **우**리사주조합으로부터 조합원이 받은 주식의 평가차익 | |
| | 상속재산 비공제채무 | | 증/ 가/ 연 | • **증**여채무<br>• **가**공채무<br>• **연**대보증채무 | |
| | 가업상속공제 사후관리 요건 | | 자/ 업/ 지/ 고 | • 가업용 **자**산을 일정비율 이상 처분<br>• 가**업**에 종사하지 않게 된 경우<br>• 주식을 상속받은 상속인의 **지**분감소<br>• **고**용유지의무 위배 | |
| | 사후관리 요건 중 고용유지의무 위배 | | 5/ 수액 /2 평/ 90 | • **5**개 사업연도 기준<br>• 정규직 근로자**수** 및 총급여**액**<br>• 상속개시 직전 **2**개 사업연도 **평**균<br>• **90**% 미달 | |
| | 동거주택 상속공제 요건 | | 비 /대 /배 /<br>거/ 세/ 무 | • 직계**비**속 또는 **대**습상속받은 **배**우자<br>• 동**거**기간(10년 이상)<br>• **세**대구성(10년 이상 1세대 1주택)<br>• **무**주택자(상속인) | |
| | 상속세 세액공제 | | 증/ 외/ 단/ 신 | • **증**여세액공제<br>• **외**국납부세액공제<br>• **단**기재상속공제<br>• **신**고세액공제 | |
| | 상속세 경정청구 특례사유 | | 귀변 /처 하 | • 상속인간 재산**귀**속이 **변**동된 경우<br>• 재산**처**분가액의 **하**락 | |
| | 증여재산가액 합산대상 | | 예/ 추/ 제 | • 증여**예**시<br>• 증여**추**정<br>• 증여의**제** | |

| 구분 | 주제 | | 앞글자 | 내용 | |
|---|---|---|---|---|---|
| 제4편 상증세 | 상속세 신고기한 후 재협의분할에 증여세 비과세 | | 회/ 대/ 물 | • 상속회복청구소송에 의한 재분할<br>• 채권자대위권 행사에 따른 분할 이후 재분할<br>• 상속세 물납이 백지화된 이후 재분할 | |
| | 이익의 증여 중 특수관계 불문 | | 보/ 신/ 면/ 부/ 금/ 재/ 용 | • 보험금<br>• 신탁이익<br>• 채무면제<br>• 부동산 무상사용, 담보제공<br>• 금전 무상대출<br>• 재화사용·용역제공 | |
| | 기준금액 비교 | | 추/ 이/ /양/ 삼 | • 추정상속재산<br>• 재산취득자금 등 증여추정 | min[20%, 2억원] |
| | | | | • 특수관계인간<br>• 고가양도·저가양도 | min[30%, 3억원] |
| | 이익의 증여 중 | 증여세가 면제되는 경우 | 저/ 면/ 부/ 금 | • 저가양수 or 고가양도<br>• 채무면제<br>• 부동산 무상사용<br>• 금전무상대출 | |
| | | 조건부 연대납세의무 대상 | 보 / 신 | • 보험금<br>• 신탁이익 | |
| | | 합산배제 | 취증 /취 추/<br>환전 / 환 양/<br>상장 /합 상<br>특거 / 특 기 | • 재산취득 후 해당 자산의 가치가 증가<br>• 재산취득자금 중의 증여추정<br>• 전환사채 등의 주식전환 등에 따른 이익<br>• 전환사채 등을 특수관계인에게 고가양도<br>• 주식 등의 상장<br>• 합병에 따른 상장<br>• 특수관계법인과의 거래를 통한 이익<br>• 특수관계법인이 제공한 사업기회로 발생한 이익 | |
| | 증여의제 | | 특관 /거래 | • 특수관계법인과의 거래를 통한 이익 | |
| | | | 특관 /기회 | • 특수관계법인으로부터 제공받은 사업기회로 발생한 이익 | |
| | | | 특정 /거래 | • 특정법인과의 거래를 통한 이익 | |
| | 물납 | 실질적 요건 | 유/ 대/ 관 | • 유동성 부족<br>• 물납충당 대상재산에 해당<br>• 관리·처분이 적당 | |
| | | 유동성 부족 요건 | 부유 /재 반<br>세/ 2천<br>세/ 금재 | • 부동산·유가증권이 상속재산가액 1/2 초과<br>• 납부세액이 2천만원 초과<br>• 납부세액이 상속재산 중 금융재산가액 초과 | |
| | | 충당순서 | 국/ 상/ 부/ 유/ 비/ 주 | • 국채 및 공채<br>• 상장주식(처분이 제한된 경우)<br>• 부동산(국내 소재)<br>• 유가증권<br>• 비상장주식<br>• 상속인 거주주택 | |

| 구분 | 주제 | | 앞글자 | 내용 | | | |
|---|---|---|---|---|---|---|---|
| 제4편 상증세 | 시가로 인정되는 가액 | | 매/ 감/ 보/ 경 //유 | • **매**매사례가액<br>• **감**정가액<br>• **보**상가액<br>• **경**매 · 공매가액<br>• **유**사재산 시가평가액(매/감/보/경) | | | |
| | 공익법인의<br>주식취득시<br>과세가액 불산입 | 20% 불산입 | 의/ 자/ 장/ 사 | • 출연받은 주식의 **의**결권 불행사<br>• **자**선 · **장**학 · **사**회복지를 사업목적 | | | |
| | | 5% 불산입 | 상/ 이/ 소/ 재 | • **상**호출자제한기업집단과 특수관계<br>• **이**사 구성시 특수관계인 비율 1/5 초과<br>• 운용**소**득의 공익목적사업 사용비율(80%) 미달<br>• 출연**재**산가액의 공익목적사업 사용비율(1%) 미달 | | | |
| | | 비율초과시<br>불산입 유지 | 공/ 상/ 비<br>연/ 회/ 비<br>주/ 인 | • **공**익법인과 **상**호출자제한기업집단 간 **비**특수관계<br>• 출**연**자와 대상**회**사 간 **비**특수관계<br>• **주**무부장관이 필요하다고 **인**정 | | | |
| 제5편 부가세 | 재화 · 용역의<br>(본래) 공급 | | 원/ 형/ 대 | | | 재화 | 용역 |
| | | | | • **원**인 | | 계약상 · 법률상 | |
| | | | | • **형**태 | | 인도 · 양도 | 역무제공 · 재화사용 |
| | | | | • **대**가관계 | | 대가를 수반 | |
| | 간주<br>공급 | 유형 | 자/ 개/ 사/ 폐 | • **자**가공급<br>• **개**인적 사용<br>• **사**업상 증여<br>• **폐**업시 잔존재화 | | | |
| | | 자가공급 | 면/ 비/ 판 | • **면**세사업 전용<br>• **비**영업용 승용차<br>• **판**매목적 타사업장 반출 | | | |
| | (장기)할부판매 | | 할/ 완/ 최/ 일 | * (장기) **할**부판매<br>• 재화 · 용역 제공**완**료일의 다음날부터<br>• **최**종 할부금의 지급기일까지<br>• **1**년 미만(이상) | | | |
| | 중간지급조건부 거래 | | 중/ 계/ 완/ 육 | * **중**간지급조건부 거래<br>• **계**약금 수령일 다음날부터<br>• 재화 · 용역 제공**완**료일까지<br>• **6**개월 이상 분할지급 | | | |
| | 재화의 수출 등 | | 본/ 예/ 전 | **본**래의 수출<br>**예**외적인 수출<br>수출의 **전**단계 | | | |
| | 예외적인 수출 | | 수/ 중/ 판/ 인/ 가/ 원 | • **수**입신고수리 전 물품의 국외반출<br>• **중**계무역방식 수출 | | 수출재화<br>선 · 기적일 | 재<br>화<br>의<br>공<br>급<br>시<br>기 |
| | | | | • 위탁**판**매수출 | | 수출재화<br>공급가액<br>확정일 | |
| | | | | • 외국**인**도수출<br>• 위탁**가**공무역방식 수출<br>• 위탁가공무역의 **원**료반출 | | 외국에서<br>재화<br>인도일 | |

| 구분 | 주제 | 앞글자 | | 내용 |
|---|---|---|---|---|
| 제5편 부가세 | 면세포기사유 | 영/ 학/ 정 | | • **영**세율 적용<br>• **학**술연구단체 연구 관련<br>• **정**부업무대행단체 고유목적사업 관련 |
| | 미가공식료품 면세<br>(본래 성질이 변하지<br>않는 1차가공) | 단/ 부/ 혼/ 쌀/ 소 | | • **단**순가공 식료품<br>• 가공**부**산물<br>• 미가공식료품 **혼**합<br>• **쌀**에 식품첨가물 첨가<br>• 식용 **소**금 |
| | 세금계산서의<br>필요적 기재사항 | 인/ 액/ 일 | | • **인** : 공급자(등록번호 & 명칭), 공급받는 자(등록번호 등)<br>• **액** : 공급가액, 부가가치세액<br>• **일** : 작성연월일 |
| | 수정세금계산서<br>발급사유 | 당초 세금계산서<br>붉은색(음의 표시) | 면/ 전/<br>환/ 제/ 지 | • **면**세대상 거래에 발급<br>• **전**자세금계산서 이중발급<br>• 재화의 **환**입<br>• 계약의 해**제**<br>• 계약의 해**지**로 공급가액 변경(추가시는 검은색) |
| | | 당초 세금계산서<br>붉은색(음의 표시)<br>&<br>수정사항 검은색 글씨 | 신/ 착/ 외/ 율 | • 공급후 내국**신**용장등 개설(과세기간 종료후 25일 내)<br>• 기재사항을 **착**오로 잘못 기재<br>• 기재사항을 착오 **외** 사유로 잘못 기재<br>• 세**율**을 잘못 적용 |
| | 공제하지 아니하는<br>매입세액 | 세/ 합/ 관/ 등/ 비/ 면/ 접/ 토 | | • **세**금계산서 관련 불공제<br>• 매입처별세금계산서 **합**계표 관련 불공제<br>• 사업과 **관**련없는 매입세액<br>• **등**록신청 전 매입세액<br>• **비**영업용 소형승용차 구입·임차·유지 관련 매입세액<br>• **면**세사업 등 관련 매입세액<br>• **접**대비 관련 매입세액<br>• **토**지 관련 매입세액 |
| | 공제하지 아니하는<br>토지 관련 매입세액 | 취/ 철/ 가 | | • 토지의 **취**득비용<br>• 건물**철**거비용<br>• 토지의 **가**치증가지출 |
| | 공통매입세액<br>안분계산 배제 | 면가 /5 미<br>공세 /500대 | | • **면**세공급**가**액이 **5**% **미**만인 경우<br>• 다만 **공**통매입**세**액 **500**만원 이상이면 안분**대**상 |
| | | 공세 /5 미 | | • **공**통매입**세**액 **5**만원 **미**만 |
| | | 신규/당해 | | • **신규**로 사업개시한 자가 **당해** 과세기간 중 공급하는 경우 |
| | 공급가액이 없는<br>경우 공통매입세액<br>안분계산 순서 | 입/ 공/ 적 | | • 총매입가액에 대한 면세사업 관련 매**입**가액비율<br>• 총예정공급가액에 대한 면세사업 예정**공**급가액비율<br>• 총예정사용면적에 대한 면세사업관련 예정사용면**적**비율<br>cf) 예정면적을 구분할 수 있으면, **적**이 우선 |
| | 공통매입세액<br>재계산 | 감/ 안/ 오 | | • **감**가상각자산<br>• 당초 공통매입세액 **안**분계산대상<br>• 이후 과세기간에 면세공급가액 비율 **5**% 이상 증감 |

| 구분 | 주제 | | 앞글자 | 내용 | |
|---|---|---|---|---|---|
| 제5편 부가세 | 부가가치세 대리납부의무 | 대리납부 사유 | 외/ 포/ 신 | • **국외**사업자의 용역공급<br>• 사업의 **포**괄양도<br>• 유흥업종 **신**용카드 결제 | ▶ 공급받는자 등<br>▶ 사업양수인<br>▶ 신용카드업자 |
| | | 국외사업자의 용역공급 | 원/ 위/ 전 | • **원**칙적인 공급<br>• **위**탁매매인 통한 공급<br>• **전**자적 용역 공급 | ▶ 공급받는자(과세사업자 제외)<br>▶ 위탁매매인<br>▶ 간편사업자 등록자 |
| | 추계결정방법 | | 동/ 생/ 영/ 국/ 입 | • **동**업자권형<br>• **생**산수율<br>• **영**업효율<br>• **국**세청장이 정한 5가지 기준<br>• **입**회조사기준(최종소비자 대상사업) | |
| | 부가가치세 조기환급사유 | | 영/ 설/ 재 | • **영**세율 적용<br>• **설**비의 신증설<br>• **재**무구조개선계획 이행 | |
| | 간이과세 포기사유 | | 영/ 수/ 납 | • **영**세율 적용 목적<br>• 영**수**증 발급사업자 거래회피 방지<br>• 재고**납**부세액 부담 해소 | |
| | 과세유형 전환시 매입세액 조정 | 재고매입세액 | 간/ 일/ 공 | • **간**이과세자가<br>• **일**반과세자로 변경시<br>• 재고매입세액 추가**공**제 | |
| | | 재고납부세액 | 일/ 간/ 납 | • **일**반과세자가<br>• **간**이과세자로 변경시<br>• 재고납부세액 추가**납**부 | |
| 제6편 개소세 | 과세대상 | | 물/ 입/ 유/ 영 | • 과세**물**품<br>• 과세장소**입**장<br>• 과세**유**흥장소 유흥음식행위<br>• 과세**영**업장소 영업 | |
| | 과세장소 입장 | | 마/ 륜/ 정/ 투/ 골/ 카 | • 경**마**장<br>• 경**륜**장<br>• 경**정**장<br>• **투**전기 설치업소<br>• **골**프장<br>• **카**지노 | |
| | 개별소비세 비과세물품 | | 자/ 간/ 수/ 주 | • **자**가소비 물품(전량)<br>• **간**이세율 적용물품<br>• 제조장 **수**거물품<br>• **주**세 부과물품 | |
| | 과세대상 판정기준 | 과세와 비과세 결합 | 특/ 주/ /원 | • 1순위 : **특**성 및 **주**된 용도<br>• 2순위 : **원**가가 높은 것 | |
| | | 둘 이상의 과세물품 해당 | 특/ 주/ 율 | • 1순위 : **특**성<br>• 2순위 : **주**된 용도<br>• 3순위 : 높은 세**율** | |
| | | 보석· 귀금속제품 | 가/ 재 | • 1순위 : 원**가** 구성비율<br>• 2순위 : 원**재**료 구성비율 | |

| 구분 | 주제 | | 앞글자 | 내용 |
|---|---|---|---|---|
| 제6편 개소세 | 제조의제 | 유형 | 가/ 혼/ 중 | • **가**공<br>• 프로판과 부탄 **혼**합하여 부탄 제조<br>• **중**고품을 새로운 물품으로 개조 |
| | | 가공의 종류 | 장/ 조/ 첨 | • **장**식<br>• **조**립<br>• **첨**가 |
| | 반출·판매의제 | | 자/ 강/ 폐 | • **자**가소비<br>• **강**제환가(경매/공매/파산)<br>• 사업**폐**지시 잔존물품 |
| | 소비목적 아닌 미납세반출 | 대상 | 박/ 규/ 위/ 품<br>이/ 승/<br>원/ 담/ 석 | • **박**람회 등의 출품 관련(출품/환입/수입)<br>• **규**격검사 목적 반출·환입<br>• 수탁자가 **위**탁가공한 물품을 위탁자 저장창고에 반출<br>• 미납세반출·면세 후 **품**질불량 등 사유로 제조장에 반환<br>• 제조장 **이**전<br>• **승**용자동차 보관·관리·전시 목적 반출·환입<br>• 과세물품 **원**료사용<br>• **담**배<br>• **석**유비축시책에 따라 한국석유공사에 공급 |
| | | 담배 | 면/ 원/<br>이/ 수/ 폐 | • 과세**면**제 담배<br>• 다른 담배의 **원**료 사용<br>• 제조장 **이**전<br>• **수**출목적<br>• **폐**기목적 |
| | 외국인전용판매장 면세물품 | | 보/ 귀/ 골/ 구/ 단/ 방 | • **보**석<br>• **귀**금속<br>• **골**패와 화투류<br>• 고급가**구**<br>• 고급융**단**<br>• 고급가**방** |
| | 무조건 면세 주요사항 | | 외/ 자/ 기<br>외/ 박<br>국/ 기<br>수/ 용/ 재<br>소/ 사/ 관/ 면<br>출/ 6/ 재/ 원/ 면/ 무/ 증 | • **외**국의 **자**선단체에 **기**증<br>• **외**국에서 개최되는 **박**람회 등에 출품하기 위한 해외 반출<br>• **국**가 또는 지방자치단체에 **기**증<br>• **수**출물품의 **용**기로서 **재**수입<br>• **소**액물품으로 거주자가 **사**용할 것 인정되어 **관**세**면**제된 물품<br>• 수**출**일로부터 **6**개월 내 **재**수입시, **원**재료에 개별소비세 **면**제 등 사실이 **무**(없)다는 점이 **증**명 |
| | 제조장 총괄납부사유 | | 부/ 제/ 가/<br>미/ 판/ 박/ 규/ 승 | 1. **부**탄의 경우<br>  • 제조의**제**<br>  • **가**정용 판매<br>2. **미**납세반출 후 **판**매목적 재반출<br>  • **박**람회 출품<br>  • **규**격검사<br>  • **승**용차를 하치장 보관 |

| 구분 | 주제 | | 앞글자 | 내용 |
|---|---|---|---|---|
| 제6편 개소세 | 세액공제 | | 가/ 혼/ 완/ 원 | • 제조장 외의 장소에서 **가**공<br>• 부탄과 프로판 **혼**합하여 부탄제조<br>• **완**제품 의제<br>• 과세물품의 **원**재료 과세 |
| | 세액환급 | | 수/ 주/ 면원 /불 | • **수**출<br>• **주**한외국군대 납품<br>• **면**세물품의 **원**재료 과세<br>• **불**량·변질 등으로 소비불가 |
| 제7편 지방세 | 취득세 과세대상자산 | | 부/ 기/ 권/ 회 | • 1군(**부**동산) : 토지, 건축물, 입목<br>• 2군(**기**계) : 차량, 기계장비, 항공기, 선박<br>• 3군(**권**리) : 광업권, 어업권, 양식업권<br>• 4군(**회**원권) : 골프장, 승마장, 요트장, 콘도, 종합체육시설 |
| | 간주취득 | | 토/ 건/ 차/ 과 | • **토**지 : 지목변경<br>• **건**축물 : 개수<br>• **차**량 등 : 종류변경<br>• **과**점주주 : 주식취득 |
| | 형식적 취득 | | 이/ 건/ 환/ 상/ 공/ 합 | • **이**혼에 따른 재산분할로 인한 취득<br>• **건**축물의 이전으로 인한 취득<br>• **환**매등기를 병행하는 부동산의 매매 |
| | | 상속의 경우<br>상/ 일/ 농 | | • **상**속으로 인한 취득 중, **1**가구 1주택, 감면대상 **농**지 취득<br>• **공**유물 분할로 인한 취득<br>• **합**병으로 인한 취득 |
| | 간주취득 중<br>건축물의 개수 | | 대/ 레수 /부 설수 | • **대**수선<br>• **레**저시설 등 **수**선<br>• 건축물 **부**대시설 설치·**수**선 |
| | 취득세 과세표준 | 사실상 취득가격의 간접비용 | 차/ 할/ 부/ 용/ 인/<br>국/ 중/ 부/ 유 | • **차**입금이자<br>• **할**부이자<br>• 각종 **부**담금<br>• **용**역비<br>• 채무**인**수액<br>• **국**민주택채권매각차손<br>• **중**개보수<br>• **부**대시설 등의 설치비용<br>• 그 밖의 **유**사한 비용 |
| | | 법인 아닌 자의 경우<br>간접비용에서 제외 | 차/ 할/ 중 | • **차**입금이자<br>• **할**부이자<br>• **중**개보수 |

| 구분 | 주제 | | 앞글자 | | 내용 |
|---|---|---|---|---|---|
| 제7편 지방세 | 취득세 중과요건 | 유형 1 요건 | 과/ 사등/ 신 | | • 과밀억제권역 내<br>• 사업용 부동산 등<br>• 신설하여 취득 |
| | | 유형 2 세부유형 | 시본 /오 모/ 공 | | • 설립·설치·전입시 : 본지점용 부동산<br>• 설립·설치·전입후 5년 내 : 모든 부동산<br>• 공장 신설 |
| | | 유형 3 사치성 재산 | 오/ 골/ 주/ 선 | | • 고급오락장<br>• 회원제 골프장용 부동산<br>• 고급주택<br>• 고급선박 |
| | | | 재산세 중과대상은 오/ 골/ 선 | | |
| | 취득세 중과세율 | 유형 1 | 표/ 뿔/ 중/ 이 | | * 표준세율 + 중과기준세율 × 2 |
| | | 유형 2 | 표/ 삼/ 마/ 중/ 이 | | * 표준세율 × 3 − 중과기준세율 × 2 |
| | | 유형 3 | 표/ 뿔/ 중/ 사 | | * 표준세율 + 중과기준세율 × 4 |
| | 계약해제시 취득세 납세의무 소멸 증빙서류 | 유상 승계취득 | 화/ 인/ 공/ 신/ 부신 | | • 화해조서<br>• 인낙조서<br>• 공정증서<br>• 계약해제신고서<br>• 부동산거래법령에 따른 계약해제신고서 |
| | | 무상 승계취득 | 화/ 인/ 공/ 신 | | |
| | 대도시 내 법인등기시 등록면허세 중과대상 | | 설/ 전/ 증/ 지 | | • 설립(휴면법인 인수 포함)<br>• 전입<br>• 증자(5년 내)<br>• 지점 or 분사무소 설치 |
| | 재산세 과세대상 | | 토/ 건/ 주/ 선/ 항 | | • 토지<br>• 건축물<br>• 주택<br>• 선박<br>• 항공기 |
| | 재산세 별도합산과세 | | 공/ 시/ 용배 | | • 공장용지<br>• 시지역 소재<br>• 용도지역별 적용배율 내 |
| | 재산세 의제납세의무자 | | 변/ 종/ 상/ 연/ 위/ 사/ 수/ 파/ 용 | | • 소유권변동 미신고시 공부상 소유자<br>• 종중재산 미신고시 공부상 소유자<br>• 상속재산의 주된 상속자<br>• 연부취득의 매수계약자<br>• 위탁자<br>• 사업시행자<br>• 수입하는 자<br>• 파산재단에 속하는 재산의 공부상 소유자<br>• 소유권 불분명시 사용자 |
| 제8편 조특법 | 양도소득세 이월과세 | | 이월/법인 | | • 양도소득세 이월과세는 법인에 양도한 경우에만 적용 |
| | 중소기업 판단기준 | | 규/ 독/ 종 | | • 규모기준(매출액/자산)<br>• 독립성 기준<br>• 업종기준(소비성 서비스업 제외) |

| 구분 | 주제 | 앞글자 | 내용 | |
|---|---|---|---|---|
| 제8편 조특법 | 창업으로 보기 어려운 경우 | 종/ 환/ 폐/ 기 | • 합병 등에 따른 종전사업 계속<br>• 개인사업자의 법인전환<br>• 폐업 후 재개업<br>• 기타 창업으로 보기 어려운 사유 | |
| | 창업중소기업 등 대상기업 | 창/ 청/ 영/ 보/ 벤/ 지 | • 창업중소기업<br>• 청년창업중소기업<br>• 영세창업중소기업<br>• 창업보육센터 사업자<br>• 벤처기업<br>• 에너지신기술중소기업 | |
| | 상시 근로자에서 제외되는 경우 | 단/ 단/ 임/ 최/ 원 | • 단기간 근로자(1년 미만)<br>• 단시간 근로자(월 60시간 미만)<br>• 임원<br>• 최대주주 및 특수관계인<br>• 근로소득원천징수 없는 근로자 | |
| | 청년 등 상시근로자 | 청/ 장/ 육/ 경 | • 청년 정규직 근로자(15~34세)<br>• 장애인 근로자<br>• 60세 이상 근로자<br>• 경력단절여성 | |
| | 정규직 전환대상 비정규직 근로자 | 단/ 기/ 파 /수/ 단/ 기 | • 단시간근로자<br>• 기간제근로자<br>• 파견근로자<br>• 수급사용자에게 고용된 단시간근로자, 기간제근로자 | |
| | 자경농지 요건 | 재/ 자/ 기 | • 재촌요건<br>• 자경요건<br>• 기간요건 | |
| | 우리사주조합원 등 과세특례 | 기/ 배/ 출/ 저<br>원배 /합 이배<br>인/ 양 | • 법인·거주자 기부<br>• 기부주식 배정<br>• 조합원 출자<br>• 조합원 저가취득<br>• 조합원 배당소득<br>• 조합 이자·배당소득<br>• 조합원 인출<br>• 조합원 양도 | ▶ 30% 손금산입·세액공제<br>▶ 한도 내 근로소득 비과세<br>▶ 소득공제<br>▶ 소득공제분 비과세<br>▶ 비과세<br>▶ 비과세<br>▶ 근로소득/장기보유 비과세<br>▶ 한도 내 양도소득 비과세 |
| | 근로장려·자녀장려 세제 실체적 요건 | 총/ 재/ 부 | • 총소득요건<br>• 재산요건<br>• 부양가족요건 | |

# 2024 세법학 올인원 모의고사 1부 필기노트

### 정 인 국

고려대학교 법학과 졸업
제45회 사법시험 합격
사법연수원 35기 수료
미국공인회계사 합격(Maine State)
변호사

[경력]
중부지방국세청 조세소송실무 강사
서강대학교 법학전문대학원 조세법실무 외래강사
조세심판원 국선심판대리인
법무법인 바른
(현) 한서법률 사무소

[저서]
• 세법학연습(세경북스)
• 세법학연습 필기노트(세경북스)
• 세법학필기노트(세경북스)
• 세법학 올인원 모의고사(세경북스)
• 판례세법학(세경북스)
• 조세사례연구(세경사)
• 조세법 변호사시험 기출문제집(세경북스)
• 상속대전(삼일인포마인) 외 다수

초 판1쇄 | 2023년 11월 17일 발행
지은이 | 정 인 국
펴낸이 | 이 은 경
펴낸곳 | ㈜세경북스
주　소 | 서울특별시 서초구 신반포로3길 8, 606호(반포프라자)
전　화 | 02-596-3596
팩　스 | 02-596-3597
신　고 | 제2013-000189호
정　가 | 11,000원

저자와의
협의하에
인지를 생략함

이 책의 모든 권리는 ㈜세경북스에 있습니다.
본 출판사의 동의 없이 내용을 복제하거나 전산장치에
저장·전파할 수 없습니다.
Printed in Korea
ISBN : 979-11-5973-381-9 13360